정경의 스위치 온

2024년 4월 30일 초판 1쇄 발행

지은이	정 경
감수	Proving Grounds
발행처	(주)똑똑한형제들
판매원	한윤미디어

등록번호	제2022-000194호
주소	서울시 강남구 논현로2길 60, 2F
전화(판매원)	031)977-5953
팩스	031)977-5954

정가	20,000원
ISBN	979-11-979521-5-9

ⓒ ddokddok brothers 2024

이 책은 저작권법에 따라 보호를 받는 저작물이므로 무단복제와 무단전재는 법으로 금지되어 있습니다.
이 책 내용의 전부 또는 일부를 이용하려면 반드시 저작권자와 (주)똑똑한형제들의 서면동의를 받아야 합니다.

잘못된 책은 구입하신 곳에서 교환해 드립니다.

긍정의 스위치

BB8K®
brothers

2024년 3월, 국립극장 해오름극장
오페라마 〈한국가곡 전상서〉 공연에서

CONTENTS

Prologue – 서문 ·· 008

추천사

이정식	고용노동부 장관 ·································	012
박인건	국립중앙극장 극장장 ·····························	013
박미자	서울대학교 음악대학 성악과 교수 ············	014
함영주	하나금융그룹 회장 ·······························	015
이소정	한국예술종합학교 전통예술원 무용과 교수 ··	016
안호상	세종문화회관 사장 ·······························	017
이준표	소프트뱅크벤처스 대표 ··························	018
고성현	한양대학교 음악대학 성악과 교수 ············	019
이주경	삼성생명 부사장 ··································	020
손수연	음악평론가 ···	021
윤의중	국립합창단 단장 ··································	022
이창기	서울문화재단 대표 ·······························	023

제 1장 음악이 찾아오다

- 스위치-온 (switch-on) ································· 026
- 대기의 흐름에 몸을 맡기고, ··························· 030
- 우리도 고등학교에 갈 수 있대! ······················· 039
- 음악이 아닌 다른 길로 갔으면 좋겠습니다 ······ 043
- 예고 출신이 아니라고? ································· 047
- 다 잡은 물고기조차 주어지지 않았다 ············· 049
- 비주류에서 주류로 ······································· 052

제 2장 그야말로 고군분투

- 조절, 또 조절! ·· 062
- 긴장의 끈 놓지 말고, 집중! ···························· 067
- 영업은 끝나지 않는다 ·································· 072
- 절대 해서는 안 되며, 실패하는 대표적인 사례가 될 것 ···· 079
- 클래식 뮤직비디오 제작에 무려 1억? ··················· 085
- 예술 상인으로 거듭나다 ································ 091
- 돈 없이 어떻게 일을 하려는 거죠? ······················ 099
- 정 경 선생, 당신 지금 뭐하는 거요? ···················· 106
- 안녕하세요. 정 경입니다 ······························ 113

제 3장 광대로부터의 전언

- 체력 전쟁 ·· 122
- 단지 한두 발짝 더 용감할 뿐 ··························· 130
- 솥뚜껑 삼겹살 같은 인생이여 ··························· 138
- 목소리를 내지 않으면 아무 일도 일어나지 않는다 ········ 146
- 목소리가 중요하지 않다고 생각하는 여러분에게 ·········· 152
- 목소리 트레이닝은 곧 망하는 지름길 ···················· 157
- 확신, 가장 빠르고 확실한 내비게이션 ··················· 163
- 당신의 꿈은 무엇인가요? ······························ 168

제 4장 정 경의 어느 날

- 곰팡이 냄새가 풍기는 어느 만화방 ······················ 176
- 사람 보는 눈, ·· 182
- 구부정한 허리를 곧게 펴는 것부터가 시작이다 ··········· 187
- 다시 해보겠습니다 ···································· 197
- 인생은 세 갈래 ······································· 206
- 애벌레의 종말 ·· 214

Epilogue - 맺음말 ······································ 224

프롤로그 prologue

"교수님, 자서전 한 번 출간해보시면 어떨까요?"

그저 농담이라고 생각했던 나는 웃으며,

"저는 자서전을 집필한 만큼 대단한 사람이 아닌걸요."

화기애애한 분위기에서 점심식사를 마무리했던 날로 기억한다. 그로부터 약 한 달 뒤, 농담을 던진 출판사 대표님으로부터 연락을 받았다. 라디오 생방송을 마치기가 무섭게 방송국으로 찾아오신 대표님이 하신 말씀은,

"교수님, 자기계발서 종류의 책을 읽어 본 적 있으신가요?"
"지금 생각해 보니 끝까지 정독한 적은 없는 것 같네요."

선물로 전해 받아서, 혹은 서점에 들러 소위 세상을 뜨겁게 달구고 있다는 인물들에 관한 책을 몇 차례 집어들어 본 적은 있었다. 다만 늘 마지막 책장을 덮지 못한 것은 페이지를 넘기면 넘길수록 인위적으로 만들어진 그저 한편의 예쁜 이야기라는 느낌을 떨쳐낼 수 없었기 때문이다. "누구나 성공할 수 있다."라고 이미 결말 지어둔 이야기에서는 큰 감동을 얻기 어려웠다.

"우리 정 교수님 스토리를 엮어 자기계발서를 출판해 봅시다."

"제 이야기를요?"

"정 경 교수님은 이른바 예술인들의 엘리트 코스인 예중, 예고, 그리고 TOP3 대학을 졸업하지 않았어요. 쉽게 말해 주류가 아닌 비주류의 길을 걸어

온 것이라 할 수 있죠. 그런데 지금은 과연 어떤가요? 누구보다 주류로 평가받고 있지 않습니까? 소위 성공했다 여겨지는 사람들이 걸어간 안정적인 길이 아닌, 전혀 다른 방법으로 그 위치에 도달한 경우이지요."

"그게 어떻게 자기계발서로 연결될 수 있을까요?"

"교수님은 이른바 주류가 걷는 길을 걷지 않아도 성공 가도에 이를 수 있다는 사실을 몸소 보여준 산 증인입니다. '성공'이라는 단어를 뻔한 스토리로 풀어낸 책들은 너무나도 많아요. 반면 대한민국 음악가로 활동하면서 미국계 대기업 임원, 방송인, 모교 교수, 작가까지 5개 이상의 직업으로 살아가는 사람이 요즘 세상에 달리 누가 있습니까? 이런 삶의 파훼법을 혼자서만 간직하실 요량이십니까? 다른 이들이 가지 않는 험지를 일부러 골라 헤쳐가며 생존한 이의 성공 스토리는 획일화된 현대 사회의 다른 이들에게 좋은 귀감이 될 겁니다. 모름지기 이러한 종류의 지혜는 함께 나눠야 기쁨과 진리가 되는 법입니다. 교수님의 가감 없고 솔직한 이야기는 이 땅의 예술 전공자들은 물론 예술과 전혀 무관한 다양한 독자층에게도 단단한 뿌리를 내릴 수 있는 메시지로 다가갈 것이라 확신합니다. 결코 여기저기 널려 있는 뻔한 이야기가 아니니 더욱 흥미로울 수 있는 겁니다."

"일전에는 그저 농담이신 줄로만 알았습니다만..
생각할 시간이 조금 필요할 것 같습니다."

과연 나의 이야기는 독자들에게, 나아가 대중들에게 다른 자서전이나 자기계발서들과 다르게 다가갈 수 있을까? 스스로의 생각을 이리저리 정리해보았지만 뚜렷한 실마리는 보이지 않았다.

광대로서의 하루를 살아낸 뒤, 기진맥진한 몸을 이끌고 잡은 퇴근길 운전대. 습관적인 직진과 후진, 좌회전과 우회전, 유턴을 하다보니 문득 떠오르는 바가 있었다. 지금의 나를 이곳에 데려다 놓은 온갖 신호와 교차로, 그리고 무수한 사회적 약속 기호들이 이제껏 스쳐간 생각, 목소리들, 방향을 캐치하던 순간의 기억들과 연결되기 시작했다. 그간 지나온 여정이 마치 하나의 물줄기처럼 연결되어 떠오르기 시작하는 순간이었다.

이 이야기는 그렇게 시작되었다.

나는 아직 성공하지 않았다. '성공'이란 내게 있어 아직 스스로 정의 내리지 못한 수많은 어려운 단어들 중 하나일 뿐이다. 다만 지금까지의 여정이 남들과 조금 달라보일 수 있는 것은 기존의 예술인들에 비해 조금 더 넓게 길을 걸었기 때문이라고 생각한다. 물론 그와 같은 비주류적인 행보로 인해 내게 붙은 별명들은 거의 낙인에 가까웠다.

클래식계의 이단아
예술계의 문제아
쉽게 말해 사기꾼

낙인에 가까운 별명들을 오히려 전부 명찰 삼아 가슴에 크게 달았고, 언론의 인터뷰나 무대에 설 때마다 그 이름을 전면에 내세웠다. 흔들릴 시간도 없었고, 악명이라는 세간의 관심마저 소중하게 느껴지는 시절이었다. 비록 아직 때이르지만 어쩌면 자서전, 혹은 자기계발서로 불리울 이 새로운 길을 마주하는 것 역시 직접 밟아 보아야 할, 지금 내 앞에 놓인 필연적인 길이라는 생각이 들었다.

지구상 80억 인구는 각기 개성적인 목소리를 가진다. 목소리는 체중, 내장 구조, 골격뿐 아니라 거주하는 지역의 기후에도 영향을 받는다. 두뇌가 신호를 보냄과 동시에 17~25mm(성인 남성 기준)밖에 안 되는 작은 성대에서 온몸을 울리는 떨림이 시작되고, 이윽고 사람의 목소리가 되어 세상에 울려 퍼진다.

자동차 운전과 마찬가지로 목소리 역시 운전자의 선택과 역량에 모든 것이 좌우된다. 상황에 맞게 가속과 감속을 하듯 목소리의 힘을 조절하고, 방향지시등이나 신호를 준수하는 것처럼 마주 앉은 상대에게 왜곡 없이 감정과 정보를 전달하는 일은 곧 목적지에 도달할 수 있는가, 즉 소통의 성공 여부와 직결된다. 늘 관객들이나 카메라 너머를 상정하며 무대 위를 살아가는 내게는 관객과의 소통이 곧 예술, 그리고 예술이 곧 소통이다. 소통에 성공한다는 것은 예술을 성공시킨다는 의미와도 같다.

이 책에서는 예술인 정경, 예술상인 정경보다는 '목소리 운전자'로서의 정경을 담아보려 한다.

비록 아직 갈 길이 멀어 미숙하고 충분히 정제되지 못할 이야기지만 이를 통해 독자분들께서 미처 몰랐던, 혹은 잊고 있었던 스스로의 목소리를 깨닫고 그 운전법을 터득하실 수 있기를. 그리하여 언젠가 함께 본인이 꿈꾸는 무대와 객석에서 소통하고, 예술을 나누며, 각자의 목소리로 그러나 함께 노래할 수 있는 날이 오길 꿈꾼다.

저자 정 경

추천사 I

보헤미아 칼리슈트 태생인 작곡가이자 세계적인 지휘자인 구스타프 말러는 음악에서 가장 중요한 것은 악보에 기록되어 있지 않다고 말했습니다.

음악 안에는 다양한 이야기가 있고, 이야기 안에는 그 사람들의 삶이 있습니다. 악보에서 보이지 않는 서로의 삶에 대한 공감과 이해가 결국 음악을 완성해 나가는 것이 아닌가 생각해봅니다.

정 경 교수는 대중과의 접점을 잃어버린 기초예술에 대한 고민을 바탕으로 '오페라마' 장르를 시작하고 개척했습니다. 아무도 가지 않은 길을 스스로 연구하고, 답을 찾아, 실천하며 결국 우리에게 다가오는 대한민국의 자랑스런 예술가입니다.

피아노 건반은 흑백이지만, 그 연주는 다양한 색깔을 가지고 있습니다. 이처럼 정 경 교수가 연주해 내는 이번 책의 글과 노래 속에서 우리 모두의 이야기를 찾아가는 즐거운 대화의 시간이 되시길 바랍니다.

제 9대 고용노동부 장관 이정식

추천사 Ⅱ

12년전, KBS 교향악단 사장으로 재직하던 당시에 이번 공연에서 바리톤 정 경으로 협연자가 확정되었다는 이야기를 들었다.

그의 목소리와 가창이 궁금했기에 리허설 시간에 맞춰 오케스트라 연습실로 내려가 정 경의 노래를 들었다. 로씨니 오페라 세비야의 이발사부터 모차르트 돈 조반니, 베르디 오텔로 아리아를 열정적으로 노래를 불렀던 기억이 난다.

그 뒤로 정 경의 행보를 살펴보게 되었는데 꽤 흥미롭다.

전형적인 무대 위 플레이어 성향의 아티스트가 실기가 아닌 예술경영학 행정 이론으로 박사 학위를 받았다. 대학에서 전임 교수로 임용된 뒤에도 무대를 꾸준히 기획하고 노래하며, 나아가 글로벌 기업과 공중파 방송에 진출해 임원과 방송인으로 매일 활동하고 있다.

정 경은 우리나라에서 다소 찾아보기 힘든 독특한 유형의 예술가 형태로 보인다. 그는 초청 받아 예술을 펼치는 아티스트 입장이 아닌 우리 사회와 상황에 필요한 예술을 직접 연결하는 '커넥터(connector)' 아티스트가 아닐까?

정 경을 통해 나아진 문화세계를 기대한다.

국립중앙극장 극장장 박인건

추천사 Ⅲ

국립중앙극장 대극장에서 바리톤 정 경의 오페라마 공연을 관람한 제자들이 내게 말했다.

"교수님, 클래식 공연에 참석한 관객분들이 이렇게 재미있게 웃으며, 공감하면서도 무엇보다 음악을 깊게 이해하는 듯한 모습을 처음 봤습니다. 신기해요."

예술가 정 경이 전하는 이야기는 그렇다.
눈에 보이지 않은 예술의 높은 벽을 허물고 무대 위의 객석과 하나되게 하는 놀라운 힘이 있다.

예술 경영가 정 경이 전하는 이야기들은 관객뿐만 아니라 순수 예술가들에게 신선한 도전을 일으킨다. 그의 끊임없는 열정과 치밀한 기획을 바탕으로 한 실천의 과정들을 가까이 지켜보면서 결국 원대한 결과를 맞이할 것이라는 확신이 든다.

나는 앞으로 정 경이 전할 새로운 이야기가 두근거린다. 나아가 정 경의 날갯짓으로 변화될 클래식 세상이 기대된다.

여섯 번째 저서,
〈정 경의 스위치 온〉 발간을 축하하며.

서울대학교 음악대학 성악과 교수 박미자

추천사 Ⅳ

정 경 교수가 '오페라마'라는 新장르를 탄생시킨 2010년부터 지금까지 15년간 사람들로부터 꾸준한 사랑을 받아온 비결은 땅속 깊이 박혀 있는 튼튼한 뿌리와 같은 정경 교수만의 클래식 본질에 충실한 기본이라고 생각한다.

그 기본 위에서 창출해 내는 다양한 콘텐츠들은 어떠한 형식속에서도 관객에게 감동과 울림을 주면서 진정한 소통을 이끌어낸다.

그리고, 철저하게 관객 중심적인 콘텐츠를 통해 딱딱하고 어려운 클래식을 남녀노소 누구나 부담없이 편안하게 즐기는 모습은 정 경 교수의 오페라마에서만 볼 수 있는 특징이다.

하나금융그룹이 지금까지 지속적인 성장을 이룬 것도 변함없이 지켜온 업의 본질 즉, "손님의 기쁨, 그 하나를 위하여"라는 창업 정신처럼 오로지 손님 만을 생각하는 기본을 지켰기 때문이다.

이처럼 뿌리깊은 나무는 바람에 흔들리지 않는다는 단순한 진리를 정 경 교수는 그의 콘텐츠를 통해서 우리에게 자연스럽게 느끼게 해준다.

여섯 번째로 출간되는 정 경 교수의 이야기도 그래서 더 기대가 된다.

하나금융그룹 회장 함영주

추천사 V

정 경 교수님과 함께 대학원에서 만난지 어느덧 15년이라는 시간이 지나갑니다. 무용학 박사들과 예술경영학 박사들이 모여서 오로지 예술만 바라보고 연구했던 순수했던 박사과정 그 시절. 되돌아보면 참 아름다운 시간이었습니다.

정 경 교수님은 박사 졸업 후에도 당시 제가 소속된 국립무용단에서 발표했던 작품들을 감상하러 국립극장에 자주 오셨습니다. 음악가임에도 불구하고 무용에도 관심을 가진 예술가였습니다.

〈오페라마〉라는 새로운 장르로 예술계의 센세이션과 미장센을 만드신 정 경 교수님은 국내뿐만 아니라 유럽과 미국에서 작품을 선보이며 우리나라를 대표하는 예술가의 행보를 이어가고 있습니다.

2012년 발표하신 첫 앨범 'La Danza(춤)' 안무와 최근 국립극장 해오름에서 올린 오페라마 '한국가곡 전상서' 작품까지 함께 연구하고 무대에 올릴 수 있어 행복합니다.

클래식계의 BTS 정 경.
겸손한 자세로 새로운 시도를 해나가는 정 경.

이번 여섯 번째 발간하는 교수님의 저서도 설레는 마음으로 깊은 축하의 메세지를 보냅니다.

한국예술종합학교 전통예술원 무용과 교수 이소정

추천사 VI

작년에 정 경 교수가 앵커로 진행하는 한국경제 arteTV 아트룸 뉴스에 출연했다. 〈공공극장의 방향성과 미래〉라는 주제를 갖고 대담했다. 공공극장이 제작극장으로 발전해야하는 상황에 대한 당찬 질문에 대답하며 꽤 흥미로운 대화를 뉴스에서 나눴다.

정 교수를 보면 여러모로 신선하게 느껴진다. 대한민국에서 누구보다 활발하게 활동하는 바리톤 성악가 이름만으로도 이미 충분할텐데 어떤 에너지가 있기에 예술경영은 물론 경제와 ESG까지 영역을 펼치는 걸까?

항상 유쾌하게 웃으며 방송을 진행하고 공연을 하지만 분명 이면에는 몇 배의 쓰라린 고통이 있으리라 느껴진다. 연단에 연단을 거듭하며 묵묵히 앞서가는 모습을 볼때마다 깊은 응원과 박수를 보낸다.

이번에 발간하는 책의 글에서도 예술가 정 경의 아름다운 향기가 가득하리라 믿어 의심치 않는다.

세종문화회관 사장 안호상

추천사 Ⅶ

대전에서부터 30년 지기인 나의 친구 정 경,

그는 '메버릭(Maverick)'이었고 지금도 '메버릭'이고 앞으로도 '메버릭'일 것이다.

우리의 짧은 삶속에서 그는 지금도 메버릭으로 불타고있고 '불사조'처럼 살아있을 것이다.

새벽에 잠이 안 올 때는 유튜브로 새해 첫날 정동진 백사장에서 동해바다를 뒤로하고 눈물을 흘리며 '내나라 내겨레'를 열창하는 친구 정 경을 본다. 그 추위에 공감하면서 우리와 더불어 살아가는 모든 이들을 위하여 눈물의 기도를 드려본다.

가끔 엘레베이터에 붙어있는 마동석 영화배우의 포스터를 보면서 우리 딸들은 말한다.

"우와!!! 정 경 아저씨다. 아빠 정 경 아저씨 잘지내시죠?"

소프트뱅크벤처스 대표(CEO) 이준표

추천사 VIII

'참 멋지다.'란 말이 나오는 열정의 남자 정 경. 그 에너지는 어디에서 나오는걸까? 나 역시 40여년 이상 노래와의 삶을 살아오면서 둘째가라면 서러워 할 에너지였는데..

우리가 만날때마다 Bel canto 발성을 연구하다가도 '참 아름다웠다고 말할 수 있는 나라를 만들어야 하지 않을까?' 하며 늦은 시간까지 나눈 수 많은 대화들......, 성악계 두 거구의 어린 아이와 같은 모습에 아마도 주님께서 많이 웃으셨으리라. 이처럼 정 경은 내게 아주 오래된 친구, 혹 40년 이상 함께한 가족 같은 남자다.

경아, 이제 대한민국은 세계가 가장 부러워하는 하나님의 나라가 되어야 하는데..이젠 문화 대통령이 나올 때가 되지 않았을까?

사랑하는 정 경, 형이 염려 되는 건 단 하나야. 밤낮없이 일하면서 네 그 몸뚱아리 건강해칠까봐 그게 걱정이야. 그거 네 것 아니니까 공과 실을 모두 그에게 돌리고, 항상 네 영육이 강건하길 기도할게.

늦은 밤, 연구실에서 동생의 책 발간 축하 글을 쓰다보니 자네 정 경을 더 사랑하게 됩니다~!!

한양대학교 음악대학 성악과 교수 고성현

추천사 IX

6년 전 신임 임원 교육에 인문학 교육으로 처음 만난 정 경

검은색 슈트와 턱수염, 영화 범죄도시 조연급에 어울리는 덩치. 요즘엔 교수님도 보디가드를 데리고 다니는구나 생각했다. 그런데 웬걸 강의 시작과 동시에 고지식한 삼성의 임원들을 하나로 몰입하게 만드는 웅장한 음성과 흥미진진한 스토리. 클래식에 문외한이었던 나에게 정 경의 오페라마 콘텐츠는 창조와 혁신이 무엇일까라는 의문을 한 번에 해결해 주었다.

혁신은 無에서 有를 창조하는 것이 아니라, 누구나 알고 있는 기존의 것을 연결하여 새로운 분야를 개척하는 것이라는 것을.

오늘날 모든 산업의 경계가 허물어지고, 생존을 위한 변화와 혁신을 추구하는 모든 이들에게 기존의 틀에 얽매이지 않고 작품을 상품으로 만드는 예술상인 정 경의 이야기는 많은 감동과 울림 그리고 희망의 메세지가 될 거라 확신합니다.

삼성생명 부사장(CFO) 이주경

추천사 X

바리톤 정 경은 경계인이다. 여기서의 경계인은 프런티어에 위치한 사람을 말한다. 카리스마 넘치는 예술가, 혁신적인 공연기획자, 아카데믹한 교육자, 소탈한 방송인에 이어 기업의 최고 마케팅책임자까지, 그는 클래식 음악과 대중, 예술과 경영, 예술과 사회 등 서로 다른 두 세계가 만나는 지점에 늘 서 있었다. 서로 다른 두 문화가 충돌하는 바로 그 자리에서 정경은 기존에 없던 혁신을 만들어 낸다.

음악평론가로서, 지난 수년간 대략 문제적 인물로 분류되던 정 경을 유심히 지켜봐 왔다. 보수적인 클래식 음악계에서, 경계인을 추구하는 그의 행보는 전통이라는 이름으로 구태를 답습해 온 이들에게는 유별나게 여겨졌으리라. 그러나 오페라마를 비롯한 장르의 확장과 여러 형태의 콘서트에서 정 경이 처음 시도했던 일들은 이제 하나의 일반적인 트렌드로 자리 잡았으며 많은 이들이 유사한 공연을 하고 있다.

지금은 현실에 안주하지 않는 그가 우리 공연예술계에 또 어떤 획기적인 기획을 내놓을지 외려 주목하는 상황이 되었다.

〈정경의 클래식 클래식〉에서 비치는 정경의 이미지는 사뭇 다르다. 청취자나 초대 손님을 대할 때 일겸사익의 태도로 공감하고 배려하는 진행자의 모습을 보인다. 그의 스튜디오 안에서 수많은 애청자들과 아티스트들이 편안하고도 진정성 있는 대화를 나눈다.

경계인으로서 오늘의 정 경은 '예술을 활용할 줄 알고 대중과 소통할 줄 아는 경영인'이다. 그러나 내일의 그가 다시 어디로 향할지 나는 모른다. 다만 미지의 개척지를 향해 우직하게 나아가는 정 경의 행보를 신뢰와 기대에 찬 시선으로 바라볼 뿐이다.

음악평론가 / 단국대학교 교수 손수연

추천사 XI

주변의 많은 예술계 전공자들이 정 경에 대한 궁금증을 내게 물어본다. 그 이유는 무엇일까?

약 15년 전, 바리톤 정 경은 우리나라만의 장르를 만들어야 한다며 오페라와 드라마를 융합한 오페라마 장르를 직접 만들었다. 그 당시 예술계 거의 모든, 아니 사실 전부가 실패할거라 예상했다. 뒤에서 정 경은 정신 나간 사람이라고 욕하는 소리도 꽤 들었다.

오랜 시간이 지났다. 지금은 많은 예술가들이 정 경의 활동 하나 하나를 궁금해한다. 예전부터 내가 알고 있는 정 경은 주변의 시선에 크게 영향을 받지 않는다. 그저 묵묵히 본인이 맞다고 생각한 길을 걸어 간다. 그리고 시간이 지나면 결국 놀랄만한 결과들을 만들어 낸다.

나는 가끔 정 경 교수가 클래식계, 우리 기초 예술계를 떠날까봐 걱정도 된다. 이제 그가 가진 스펙트럼을 탐내는 분야는 너무나 많기 때문이다.

제 10, 11대 국립합창단 단장
제 8대 인천시립합창단 단장 윤의중

추천사 XII

　　음악가이면서 기업의 임원, 방송인, 교수, 그리고 5권의 저서를 출간한 작가로서 고군분투했던 그의 삶이 이번 〈정경의 스위치 온〉에 솔직하고 진정성 있게 그려진다.

　　정 교수가 이 자리에 서기까지 그는 수많은 갈림길을 마주했고, 그 길은 분명히 순탄치 않았다. 누군가에게는 그의 행보가 낯설게 느껴지기도 했을 것이다. 그러나 그의 선택이 틀리지 않았음을 이 책을 통해 여실히 보여준다.

　　인생의 갈림길에 서있는 모두에게 이 책은 내가 선택한 길, 그리고 내가 지금 가고 있는 길에 대한 힘과 따뜻한 용기를 건네주는 나지막한 목소리가 되어줄 것이다.

　　지금, 정 경의 스위치가 다시 켜지는 순간이다.

서울문화재단 대표이사 이창기

제 1장
음악이 찾아오다.

제 1 장

음악이 찾아오다

| 정경의
| 스위치 온 on

꿈에서도 일을 하는 편이다. 잠에서 깨어나 꾼 꿈을 돌이켜 보면 잠들기 직전까지 고민하던 일을 꿈속에서마저 이어받는 밤이 많다. 그렇게 꿈자리가 치열하다보니 다른 이들에게는 고역이라는 아침 기상 알람 소리가 오히려 내게는 평온을 가져다주는 신호와도 같다.

매일 아침, 눈을 뜨면 곧바로 목소리가 잘 붙어있는지부터 확인한다.

"아~ 음~"

다행히 오늘의 목소리도 살아있다. 잠시 눈을 감고 오늘을 살아낼 목소리에 감사의 기도를 올린다. 출근 준비를 하면서 눈앞에 펼쳐질 하루 일과를 머릿속에 그려본다. 기업과의 미팅, 정치인과의 미팅. 각 자리의 성격을 떠올리고는 각 무대에 알맞을 의상을 고른다. 만약 일정이 공연이라면 신경은 더 바짝 긴장한다. 마주할 기업의 이미지와 분위기, 그리고 색감에 맞추어 스스로를 연출해야 한다.

더할 수 없을 정도로 신중을 기한 의상을 걸치며 세상으로 나갈 준비를 마친다.

바깥 공기는 약한 습기를 머금고 있다. 하늘빛을 보니 조만간 비가 올 수도 있어 보인다. 이는 오늘 일반적으로 소모하는 에너지보다 조금 더 소모해야만 상대의 기분을 끌어 올릴 수 있다는 의미다. 이외에 놓치고 있는 부분은 또 없는지, 재차 하루의 준비를 단단히 한다. 날씨를 느끼고 하루 일정을 미리 복기하는 출정 의식을 마친 뒤 출근길에 오른다.

오늘 첫 번째 목적지는 EBS 라디오 방송국. 매일 진행하는 라디오 생방송을 위해 일산으로 향한다. 청취자분들에게 하루 소개하는 음악은 대략 13~15 곡 정도. 대본을 훑으며 그날 소개할 음악을 출근길 내내 듣곤 한다. 운전대를 잡고 있는 최 과장은 이미 유명한 작곡가이며, 성악가인 나와 음악에 대한 시각이나 깊이가 다르다. 우리는 매일 아침 흘러나오는 다양한 음악들에 대해 서로 다른 견해와 이해를 나누며 이동한다.

"교수님. 오늘 방송에서는 Debussy : clair de Lune 를 선보일 예정이에요. 조성진 피아니스트가 친 곡이 나갈 예정입니다만, 손열음 피아니스트가 연주한 것과는 또 다른 느낌이 있네요. 한번 비교해서 들어보시겠어요? 교수님은 어떻게 느끼실지 궁금하네요."

"오늘은 Grieg : violin sonata No. 3 곡을 소개하실 예정입니다. 얼마 전 함께 오른 공연에서 연주했던 곡입니다만 오늘 출연하실 바이올리니스트

이경선 교수님의 연주는 또 어떻게 다를지 기대됩니다."

재밌는 대화도 잠시, 8시가 되자마자 휴대폰에 불이 난다.

[이사님, 오늘 결재해 주셔야 하는 업무 정리해서 보내드립니다.
공연 계약 건 관련… 협력사와 얘기를 나누어 이번 공연에서는…
그리하여 3시 회사에서 미팅이 잡혀 있습니다… 최종 결재 부탁드립니다.]

[앵커님, 안녕하세요. 예술감독 OOO입니다. 이번 주 아트 대담 뉴스에서는 문화 예술계 정책에 대해 다룰 예정이며, 해당 내용 구성을 위한 사전 질문지와 참고 자료들 보내드리니 확인 및 작성 부탁드립니다.]

[교수님 안녕하세요. S사 OOO 부사장입니다. 오늘 저녁 7시에 압구정 OO에서 뵙겠습니다.]

[교수님. 안녕하세요. XXX 수강중인 제자 OOO입니다. 이번 주 금요일 발표 예정입니다만 발표 자료는 언제까지 보내드리면 될까요?]

[교수님. 안녕하세요. (외주 기획사) 부장 OOO입니다. 이번 공연 관련 설비 관련해 문의드릴 부분이 있어서 연락드립니다. 가능하실 때 연락 부탁드립니다!]

[안녕하세요. 요즘 방송과 뉴스 활발하신 활동 잘 보고 있습니다. 저희가 이번에 기획한 OOO 공연에 모시고 싶은데, 잠시 통화 가능하실까요?]

오전 8시 정각부터 방송국에 도착하기까지의 시간은 마치 전쟁과도 같다. 녹화 시간 약 15분 정도 일찍 도착하는 일정을 통해 하차하기 전, 잠시 눈을 감고 의식을 치른다. 이른바 '스위치 온(switch-on)'이라고 자칭하는 마인드 컨트롤 기법이다.

'지금부터는 진행자로서의 정 경이다. 클래식 예술과 청취자들 사이의 접점을 만들어 주는 역할. 오케이, 스위치-온! 가보자!'

어쩌면 유치할 수도 있는 울트라맨 변신!을 속으로 외치면서 차에서 내린다. 지금부터는 순도 100% 라디오 진행자 정 경이다. 녹화 스튜디오로 올라가자 PD님, 감독님, 작가님, 스태프들이 나를 반긴다. 잠시 서로 근황을 나눈 후 본격적으로 생방송 준비를 시작한다. 방송하는 요일마다 각기 다른 코너가 준비되어 있으므로 매일 준비해야 하는 프로그램 형식도 다르다. 혼자 녹음을 진행할 때면 음악을 소개하고, 애청자분들의 댓글, 메시지를 읽으며 서로 소통한다.

스탠바이 10분 전, 용무가 있건 없건 화장실에 다녀와 자리에 앉는다. 과거 라디오 방송에서는 소리만을 전달했지만 요즘은 라디오 생방송 장면을 실시간 스트리밍으로 송출하기 때문에 진행자나 출연자들이 느끼는 긴장감은 배가 된다. 지금껏 수많은 방송과 공연을 겪었음에도 보이는 라디오 생방송은 결코 긴장을 놓을 수 없는 무대이다.

곧 시작한다는 사인이 떨어진다. 휴대폰에는 계속해서 다양한 연락들이 밀려들고 있지만 잠시 그 모든 외부의 소리에 눈을 감을 시간이다. 벌써부터 애청자들의 댓글이 올라오기 시작한다.

[정 경님 반갑습니다~ 오늘은 어떤 곡을 소개해 주실지 기대됩니다]

댓글을 읽는 입꼬리가 올라가고, 동시에 주위를 둘러싼 분주한 잡음이 일거에 사라지는 느낌이 밀려온다. 오전 10시 정각, 시작을 알리는 음악이 흘러나온다.

대기의 흐름에
몸을 맡기고

오늘의 방송도 평소와 마찬가지로 휘몰아치는 폭풍 같았다. 나가는 방송 한 차례를 위해 수많은 제작진과 스태프들이 마치 군 병력처럼 투입되어 치열한 기획과 구상을 나누고 때로는 서로 충돌하거나 협상하고, 협력을 하며 목표를 달성해 나가는 과정을 바라보면 그저 '전쟁'이라는 단어밖에는 떠오르지 않는다. 늘 완벽하고 매끄러운 무대 뒤는 그야말로 피와 살이 난무하는 아수라장인 법이다.

방송의 전면에 서야 하는 주연으로서의 부담감은 생방송 내내 뇌리를 짓누른다. 한 치의 실수 없이 가능한 한 완벽한 모습, 철저히 준비된 모습을 보여 주어야 하는 자리이기에 매 순간 목숨을 걸어야 하는 최전선에 놓인 느낌을 받는다. 이 순간만큼은 스튜디오를 메운 모두가 한 마음을 품은 전우와도 같다.

감독님은 감독님의 자리에서, 작가님은 작가님의 자리에서, 연출팀은 연출팀의 자리에서 각자의 전투를 치르며 방송이라는 하나의 커다란 전쟁을 꾸려가는 것이다. 어느덧 시곗바늘이 12시에 모이고 오늘의 생방송을 마쳤다. 또다시 가까스로 살아남은 느낌이다. 내게 주어진 하루 에너지의 절반 이상을 사용한 것만 같다. 허기로 쓰러질 것 같은 몸을 이끌고 식당으로 향하려는데 들려오는 PD님의 목소리.

"교수님. 잠시 프로그램 개편 회의 괜찮으실까요?"

"네, PD님. 물론이죠."

뱃속이 비어있다는 사실이 떠오르기도 전에 반사적으로 대답이 나간다.

남은 절반의 에너지마저 바닥을 보일 즈음 회의가 끝났다. 최 과장과 함께 늦은 점심을 먹는다. 산적한 연락들에 일일이 답하느라 무슨 메뉴를 삼키고 있는지도 모르겠다. 수저를 놓자마자 강남으로 이동을 시작한다. 현재 상임 이사이자 아티스트로 재직 중인 워너뮤직코리아(Warner Music Korea) 본사로 향하는 길이다.

워너뮤직코리아의 본사는 미국 뉴욕에 둥지를 틀고 있다. 총 자산 규모가 세계 10대 그룹에 속하는 글로벌 기업으로서 세계 74개국에 진출해 있다. 또한 세계 3대 엔터테인먼트 및 메이저 음반사로 지난 2020년 6월 음반사 중 유일하게 나스닥에 상장한 기업이기도 하다.

워너뮤직은 에드 시런, 콜드플레이, 브루노 마스 등 세계적인 가수들이 소속되어 있는 배급사로 클래식 분야에서는 EMI, TELDEC을 인수한 거대 기업이다.

지금으로부터 약 10년 전, 당시 워너뮤직코리아 대표님께서 오페라마 공연을 관람하러 오신 적이 있다. 당시는 오페라마 공연이 '단조롭고 무거운' 클래식 공연에 대한 편견을 깨는 새로운 시도를 통해 조금씩 이름을 알리기 시작한 무렵이었다. 클래식이라는 정체성을 잃지 않은 채 지루하지 않고 흥미로운 콘텐츠로 재탄생시킨 오페라마를 관람한 대표님은 크게 놀라워하셨다. 해당 공연 직후부터 워너뮤직코리아로의 러브콜을 보내주셨지만 연간 150회 이상의 공연을 소화하고 대학에 출강하여 학생들을 가르쳐야 하는 시절이었기에 도저히 이를 수락할 여력이 없었다.

2020년, 갑작스럽게 전 세계적인 코로나 팬데믹 사태가 터졌다. 공연 주최 측에서는 전례 없는 세계적 공황 사태에 모든 공연 및 일정에 대한 잠정적 연기를 통보해왔고, 사회적 거리두기 정책으로 어떤 무대에도 오를 수 없는 위기가 찾아왔다. 무대와 공연을 기반으로 하는 산업 자체가 일순간에 마비되어 버린 것이다. 극장의 문은 닫혔고 무대와 객석에는 접근 금지 테이프가 둘러쳐졌다. 무대 뒤를 기획하고 무대 위에서 살아가는 아티스트로서 손과 발, 목소리까지 완전히 결박된 세상. 그러나, 어느 순간에도 활로는 늘 앞에 놓여 있는 것이라 굳게 믿었다.

모든 문이 닫혀 우여곡절 끝에 합류할 수 있었던 워너뮤직코리아에서의 새로운 직책은 상임 이사였다. 모든 엔터테인먼트 사업이 꽁꽁 묶여있던 당시 상황을 고려하건대 나를 영입한 워너뮤직코리아의 결단은 실로 대담한 결정이 아닐 수 없었음을 인정할 수밖에 없다. 나는 입사하자마자 곧바로 '클래식 신사업 예술경영부'를 신설했다. 워너뮤직이 가지고 있는 글로벌 예술경영의 철학과 대한민국 클래식을 연결해 새로운 프로젝트를 만드는 일. 한마디로 새로운 형태의, 더욱 큰 규모의 예술경영을 시작한 것이다.

예술경영이라는 단어의 깔끔함과는 달리 이를 현실에 적용하는 일은 결코 쉽지 않았다. 공연뿐 아니라 영업, 미팅, 부서 회의, 제안서 및 기획서 등 수많은 일을 함께 진행해야 했기 때문이다. 소규모 공연이라면 다소 짐을 덜 수 있지만 1,000석 이상 규모의 객석을 마주해야 하는 공연이 대부분이었기에 공연에 앞서야 하는 제반 준비가 적지 않았다. 수많은 사람을 만나 설득하고, 협력하고, 상황에 따라서는 화를 내거나 고개를 숙여가며 적절한 타이밍을 보아 새로운 방안을 제안하거나 역제안을 고려해야 했다.

워너뮤직코리아라는 대기업에 입사하기 전, 스스로 오페라마 예술경영연구소를 설립했을 당시에는 365일 중에 약 200일 이상 술자리에 참석해 공연 상품을 영업해야 했다. 영업사원 이전에 나는 성악가다. 술은 성악가가 질대 피해야 하는 금기 중의 금기에 가깝다. 그럼에도 영업의 길이란 녹록치 않았기에 별다른 길이 없었다. 그래야만 다음 공연을 무대에 올릴 수 있었고, 직원들에게 월급을 쥐어 줄 수 있었다. 예술가로서의 내일, 다음 무대가 보장되지 않던 시절이었다. 예술인, 그리고 경영인으로서 걸어야만 했던 나날들이었다.

오늘은 중요한 일정이 잡힌 날이다. 회사 직원들은 미팅룸을 세팅하고, 회의 자료를 검토, 재검토하고 있다. 조금이나마 돕고 싶은 마음에 괜히 전화를 걸어본다.

"점심은 제대로 챙겨 먹고 일하는 거지?"

"네, 이사님. 회의 잘 준비하고 있습니다."
"점심은 챙겨 먹은 건지 묻는 거야. 뱃속은 채우고 일해야지."
"보내드린 자료는 확인하셨어요? 내용 검토하시고 수정할 부분 있으면 말씀 주세요."

"아니.. 밥은 먹은 거 맞지?"

아직도 식사를 챙기지 못한 것 같다. 큰 공연 준비를 위해 곧 있을 담당자들과의 미팅, 콘텐츠 기획 등 눈코 뜰 새 없이 바쁜 상황. 회사에 계속 머물러 있을 수 없는 나로서는 일일이 팀원들을 챙겨주는데 한계가 있다. 영 편치 않은 마음에 간단한 요깃거리를 사들고 회사에 들어간다. 팀원들은 웃는 얼굴로 날 반기며 간식거리를 받아들었다. 곧바로 들어선 회의실. 회의실에는 나를 위한 따뜻한 커피와 다과가 준비되어 있다. 그저 감사할 따름이다. 오전 일정을 소화하며 고갈되었던 에너지가 이렇게 다시 차오르기 시작한다. 시너지란 이러함을 두고 일컫는 말이 아닐까. 서로가 업무만을 위해 살아간다면, 결코 주고받지 못했을 상생의 에너지가 바로 시너지(synergy)라는 생각이 든다.

때마침 전화벨이 울린다. 오늘 미팅이 예정된 상대측 연락 담당자다.

"이사님. 저희는 약 20분 후 도착 예정입니다. 잠시 후 뵙겠습니다."

미리 준비된 회의 자료를 보며 머릿속을 정리한다. 플랜 A, B, C. 아침에는 라디오 진행자였지만 오후에는 공연 상품을 영업하는 예술상인이다. 방송국으로 향하기 전처럼 5분간 눈을 감고 생각을 정리하며 또다시 스위치를 올린다.

'지금부터의 무대에서는 예술상인이다. 플랜 A, B, C. 이걸로 어떻게든 이번 공연을 성사시킨다. 스위치-온! 또 가보자'

오늘 워너뮤직을 방문한 것은 O그룹이었다. 나와 마주할 O사 상무님과 그 양옆엔 수행원이자 실무자 격인 두 분이 함께 자리를 하고 있었다. 서로 우아한 차림과 행동, 격조 있는 언어를 갖추어 사용할 뿐, 협상 자리는 늘 또다른 전쟁터를 방불케 하는 기운이 맴도는 법이다. 상대도 우리도 어떻게든 더 유리한 고지와 조건을 차지하겠다는 각오로 자리에 앉는다. 내 양옆에는 우리 직원들이 줄줄이 앉아 있다. 그러나 협상과 이야기를 내 권한 선에서 말끔히 끝내야 직원들이 편히 일할 수 있다는 것을 너무나도 잘 알고 있다. 이미 더 바빠질 수 없을 정도로 분주한 직원들 한 발짝 앞에 서 있는 나의 역할은 팀원들이 최대한 즐겁고 편하게 일할 수 있는 분위기를 만들어 주는 것이다. 어깨가 묵직하다. 그 묵직함이 가슴팍까지 스며들 무렵이면 늘 목소리에 더욱 큰 힘이 실린다. 몸의 제스쳐도, 정신도, 목소리도 가장 좋은 성과를 이뤄내기 위한 채비를 마치는 것이다.

워너뮤직에 도착해 회사를 둘러보며 받았을 인상, 엘리베이터를 타고 올라와 인사를 나누며 자리에 앉기까지의 과정, 플레이팅된 다과를 보고 느꼈을 감정. 테이블에 둘러앉은 구성원 하나하나가 잔뜩 긴장했음을, 무대 위에서 기른 직감으로 재빠르게 알아챌 수 있다. 나는 주저 없이 먼저 입을 연다.

"이건 제가 쓴 책인데 컵라면 드실 때 위에 올려두기 딱 좋습니다. 읽지는 마시고 컵라면 위에 올려두세요."

모두가 박장대소를 하며 웃는다. 긴장감 가득했던 공기가 한순간에 부드러워졌다. 그와 동시에 내 머릿속은 더욱 바빠진다. 다음, 그 다음을 펼쳐놓자. 준비한 대로 하나씩 브리핑이 짜 맞추어져 간다. 조금씩 조금씩 공기가 긍정적인 분위기로 흘러가는 것이 보이기 시작한다.

O : "이번 공연은 중년의 VIP분들을 모시고 진행하려 합니다. 저희가 살펴본 결과, 지금 보유하고 계신 6개의 콘텐츠 중 〈한국가곡전상서〉가 좋을 것 같은데요."

"맞습니다. 제가 생각해도 〈한국가곡전상서〉가 중년분들이 즐기시기 가장 알맞은 컨텐츠라고 생각합니다. 그럼 〈한국가곡전상서〉로 진행할까요?"

O : "다만 해당 프로그램이 다른 콘텐츠들에 비해 가격대가 높다는 점이 마음에 걸리긴 합니다."

여기서 범할 수 있는 실수 목록을 떠올린다.
'원하는 금액대를 말씀 주시면 맞춰드리겠습니다.'
'저는 이 금액대 아니면 안 합니다.'

충분히 예상 가능했던 반응이었다. 플랜 B를 꺼내든다.

"물론 그렇게 생각하실 수 있습니다. 저희 워너뮤직 본사는 미국 뉴욕에 있고, 총 자산 규모가 세계 10대 그룹에 속하는 글로벌 기업으로 세계 74개국에 진출해 있습니다. 세계 3대 엔터테인먼트 및 메이저 음반사로서 동종업계에서 유일하게 나스닥에 상장한 기업이고요. *외국기업이다 보니 계약을 맺을 때에도 임원인 제게는 임의로 계약금을 조정할 수 있는 권한이 없습니다. 다만…"

O : "다만..?"

협상장의 공기는 본론이 나올 때 가장 팽팽해진다. 내겐 그 순간이 가장 짜릿하게 느껴진다.

"저희도 충족되어야 하는 계약 금액이 있는 관계로, 제시된 계약금보다 20% 낮은 금액으로 계약하는 대신 공연을 한 차례 더 계약하시면 어떨까요? 즉 이 자리에서 공연을 2개 계약하는 겁니다. 귀사에서는 연말에 같은 공연을 한 번 더 치르셔야 하는 걸로 알고 있습니다. 총 공연을 두 번 해야 한다고 가정한다면 O사 입장에서는 큰 비용이 절감할 수 있는 것이고, 저희도 일찌감치 일정을 확정지어 여유를 가지고 준비할 수 있으니 서로에게 윈윈이 아닐까 생각합니다."

* 모두 사실이다. 글로벌 기업의 의사결정 과정은 개방적이고 일사천리일 것이라는 선입견이 있지만, 실제로는 본사가 있는 국가와 계약이 이루어지는 국가의 환경과 조건을 모두 충족시켜야 하는 관계로 실무 절차가 상당히 까다로워지는 경우가 많다.

O : "말씀하신대로 저희는 이번 연말에도 공연 일정이 잡혀있긴 합니다만…"

"공연의 퀄리티는 걱정하지 않으셔도 됩니다. 저희는 콘텐츠와 관객의 반응으로 입증하겠습니다.

만약 모두가 불만족할 경우, 제 이름을 걸고 전액 환불해 드리겠습니다."

S : "그렇다면 차라리 거기에 공연을 한 차례 더 추가해서 3회분을 계약하는 건 어떨까요?"

모두가 숨죽인 방에서 느껴지는 대기의 일렁임. 순리대로 흐를 따름인 세상의 거대한 조류가 작은 미팅룸 전체를 집어삼킬 듯 관통하고 있음을 느꼈다. 한 차례의 무대는 무려 세 차례로 늘어났고, 매출 역시 배 이상의 성과를 바라볼 수 있게 된 것이다. 분명한 것은 협상 테이블에 마주 앉은 양측이 모두 만족할 만한 결과를 이끌어냈다는 사실이다. 이후 O 기업이 우리의 완전한 협력사이자 고객사가 되었다는 사실은 굳이 언급할 필요도 없을 것이다.

우리도 고등학교에 갈 수 있대!

"경아!! 경아!!!"

"왜 이렇게 늦었어? 오락하게 빨리 앉기나 해."

"지금 그럴 때가 아냐! 우리 고등학교에 갈 수 있대!"
"대체 그게 무슨 말이야?"

"인문계 명문인 서대전 고등학교에서 입학생 미달이 나는 바람에 우리도 진학이 가능해졌다지 뭐야!"

나는 4대째 독실한 신앙을 이어 온 집안에서 태어났다. 장남이었던 아버지는 공대에 입학하셨지만 어린 동생들의 학업을 돕기 위해 학업을 포기하고 생활전선으로 뛰어 드셨다. 이후 서른이 된 아버지는 우여곡절 끝에 목회자의 길에 들어서게 되었다. 비교적 늦은 나이에 목회를 시작한 탓에 아버지가 전도사 생활을 하실 무렵 나는 고작 초등학생이었다.

목회자의 가족으로 살아간다는 건 쉬운 일이 아니었다. 경제적으로 어려웠던 것은 물론 잦은 이사로 인해 늘 낯선 환경에 적응하고 살아남아야 했다. 어머니와 함께 고기를 사기 위해 정육점에서 기다리던 중, 평소 알고 지내던 교인 한 분이 던진 말은 아직도 아프다.

"개척교회 목사님 집에 무슨 돈이 있어서 고기를 사서 먹어?"

이 사건을 어린 시절 겪은 단순한 해프닝으로 여길 수 있기까지 얼마나 오랜 세월이 필요했는지 모른다. 핑계 없는 무덤은 없다지만 그렇게 나의 유년 시절은 학업보다 친구들과 어울리며 방황하는 시간으로 채워져 갔다.

다행히 어린 시절부터 체격이 좋고 운동 신경이 뛰어났던 나는 중학교 육상부에 들어가게 되었다. 무려 0.1톤에 달하는 오늘의 거구를 떠올리면 당시 모습이 상상이 어렵겠지만 184cm 키에 70kg대의 가뿐한 몸이었던 어린 나는 달리기를 제법 잘했다. 운동을 시작하고 나서는 자연스럽게 더욱 공부와 멀어졌고, 그 결과 입학 원서를 제출한 공고, 농고, 상고에 모두 떨어지고 말았다.

'운동을 좀 더 해볼까?'
'친구들과 장사라도 해볼까?'
'곧바로 취업을 해야하나?'

방과 후 여느 때와 마찬가지로 친구들과 오락실을 기웃거리던 어느 날. 한 친구가 요란하게 소리를 지르며 달려와 고등학교에 갈 수 있게 되었다는 소식을 전해주었다.

당시 서대전 고등학교는 지역을 대표하는 3대 명문 고등학교 중 하나였다. 그런데 우연처럼 해당 연도 신입생 모집에 있어 미달이 대거 발생했고, 나처럼 고등학교 진학에 실패한 친구들 47명이 입학 기회를 얻게 된 것이다.

공고, 농고, 상고 지원에서도 추풍낙엽처럼 떨어진 내게 인문계 고등학교에 진학할 기회가 찾아왔다는 것은 상상조차 하지 못한 소식이었다. 부모님께서는 "부디 큰 욕심부리지 않고 무사히 고등학교만 졸업하자"면서 큰아들의 다음 인생 목표를 '고등학교 졸업'으로 정해주셨다. 그렇게 나는 당시의 나처럼 미래가 불투명했던 47명의 친구들과 함께 당당히(?) 서대전 고등학교에 입학했다.

중학교 내내 운동과 오락실, 말썽밖에 모르던 내게 공부에 소질이나 흥미가 있을 리 없었다. 갑작스럽게 맞이한 인문계 고등학교의 공부 환경은 정말이지 적응하기 힘들었다.

"너 커서 뭐가 될래?"

"그만 놀고 공부해야 하지 않겠니?"

"정말로 대학 안 갈거야?"

고등학교만이라도 무사히 졸업하자던 부모님의 간곡한 호소에도 불구하고 나는 여전히 방황을 이어가고 있었다. 매일 같이 선생님께 혼이 나면서도 '미래'나 '꿈'과 같은 단어를 떠올려 본 적조차 없었다. 학교에서 얼차려를 얼마나 받았는지 선생님 중 한 분은 혀를 내두르시며 다음과 같은 명언을 남겨주셨다.

"얼차려를 하도 많이 받다보니 네 얼굴보다 엉덩이를 마주하는 날이 더 많구나.."

속한 세계의 야만인, 혹은 이방인이 되어버린 것 같은 분위기에 나는 도무지 삶의 갈피를 잡을 수 없었다. 스스로가 무엇을 원하는지를 희미하게조차 인지하지 못하며 시간만 흘러갔다.

아버지는 항상 어린 내게 말씀하셨다. "하기 싫은 일은 하지 않아도 된다. 대신 하고 싶은 일에는 책임을 질 수 있는 사람이 되어라." 반면 어머니는 자녀의 어린 시절이 당연히 공부를 향해야 한다는 생각을 가진 분이었다. 경제적으로 힘들었던 상황임에도 불구하고 어머니는 내게 피아노, 바이올린, 플루트, 수영, 스케이트 등 여러 분야를 접하게 해 주셨지만, 나는 늘 금방 싫증을 내고 포기해버렸다.

결국 부모님은 나와 동생을 각각 아버지의 교육 철학과 어머니의 교육 철학으로 나누어 교육하기로 하셨다. 어머니의 뜻을 따라 공부에 매진한 동생은 모범적으로 잘 성장해 한의대에 입학했지만, 나는 정체성이나 개성을 확립하기는커녕 끝없이 말썽만 일으키고 있었다. 인생을 송두리째 바꾸어 놓은 바로 그날이 오기까지는.

음악이 아닌 다른 길로
갔으면 좋겠습니다.

공부와 담을 쌓은 나를 바라보는 부모님은 걱정이 이만저만이 아니셨다. 그러던 3학년의 8월 어느 날, 어머니는 내게 어렵게 성악 이야기를 꺼내셨다.

"성악만으로도 대학에 진학이 가능하다고 하니 한번 시도해보면 어떻겠니?"

"욕심부리지 말고 고등학교만 졸업하자"던 어머니. 자식의 앞길을 걱정하고 생각하는 부모의 마음을 욕심이라고 부를 수는 없지만 그래도 이번만큼은 지나친 억지를 부리시는 것처럼 보였다. 나는 거의 음악에 대해 백지나 다름없는 문외한이었고, 대학수학능력시험과 입학 면접 시험은 고작 서너 달도 채 남아있지 않았기 때문이다.

무리임을 알면서도 어머니가 그와 같은 제안을 하신 이유는 바로 약 1분 30초 길이의 독일 가곡과 이탈리아 가곡을 잘 외워 부르기만 하면 대학 진학의 길이 열려 있었기 때문이다. 대학은커녕 고등학교 졸업도 위태위태했던 장남의 앞날을 노심초사 걱정하시던 어머니에겐 그야말로 놓칠 수 없는 막차 티켓이었다.

중고등학교 시절 음악 선생님께 이따금씩 "목소리기 좋다."거나 "노래하기 좋은 성량을 가졌다"는 칭찬을 듣긴 했지만 음대에 진학한다는 생각은 상상조차 해본 적이 없었다. 예술의 길을 걷기엔 시기도 너무 늦었고, 금전적인 여유도 없었다. 또한 현실적으로 음대에 입학하기 위해서는 훨씬 어릴 적부터 예중, 예고에 진학하여 일찌감치 음악도의 길을 걷는 것이 당연한 코스였다. 어디 그뿐인가. 중고등학교 때부터 입학을 희망하는 대학 교수님을 찾아가 레슨을 수강해야만 목표하는 대학에 입학할 가능성이 높아진다는 사실은 음악 전공자들, 나아가 예체능 전공자들 사이에서 모르는 이가 없는 오래된 불문율이었다. 차라리 그때부터 공부를 시작해 서울대에 진학하겠다는 계획이 훨씬 현실적이었다.

그럼에도 아들을 어떻게든 제대로 된 사람으로 길러내려는 어머니의 뜻은 완고하셨고, 나는 결국 그 뜻을 거스를 수 없었다. 그렇게 시작된 나의 첫 노래 연습으로부터 약 3개월이 흘렀을 무렵, 어머니는 끈질긴 수소문 끝에 서울 어느 유명 대학 교수에게 지도 받을 기회를 어렵사리 만들어내셨다. 억지로 연습은 하고 있었지만 그때까지만 해도 나는 여전히 노래에서 흥미를 찾지 못하고 있었다. 그날도 어머니 손에 이끌려 마지못해 서울길에 올랐던 기억이 난다. 나는 서울의 유명하다던 교수님 앞에서 노래를 부르게 되었고, 노래가 끝난 후 교수님은 어머니에게 말을 건넸다.

"정 경 학생 목소리가 굉장히 좋네요. 혹시 아버님 직업이 어떻게 되시죠?"

"개척교회 목사님이십니다."

머뭇거리던 끝에 답변을 내어 놓은 어머니의 목소리가 떨리던 것을 기억한다.

"잠시 저를 따라오시겠습니까?"

다짜고짜 교수님은 어머니와 나를 수많은 방들 중 하나로 안내했다. 우리가 들어선 방 안에는 CD 앨범이 빼곡하게 차 있었으며, 그 숫자는 어림잡아도 5~6천 장에 달할 정도였다. 조용히 우리를 지켜보던 교수님이 입을 열었다.

"이 CD-rom 앨범이 한 장당 약 2만 원이라고만 가정해도 1억이 넘는 큰 돈입니다. 정 경 학생에게 그 정도의 금전적 지원이 가능하시겠습니까? 공교롭지만 저희 아버지도 개척교회 목사님이셨습니다. 목사님들의 경제적 사정이 어떤지, 저는 누구보다 잘 알고 있어요. 저는 금전적 여유가 없는 부모님 밑에서 음악의 길을 걸으며 너무나도 힘들었습니다. 냉정하게 말씀드리건대, 예술을 하려면 부모님의 재력이 너무나도 중요합니다. 정 경 학생의 부모님들께 최소한 이 정도 앨범을 사들일 금전적인 여유가 없으시다면, 정 경 학생은 부디 음악이 아닌 다른 길로 갔으면 좋겠습니다."

"…."

어머니는 아무 말씀도 하지 않았다. 오늘날까지도 나는 그날 어머니의 마음을 감히 헤아리려 들지 않는다. 오디션이 끝난 후 대전으로 돌아가는 길 내내 어머니의 양쪽 뺨은 반짝였다. 지푸라기라도 잡는 심정으로 아쉬운 소리 세례를 뚫고 서울까지 나를 끌고 가신 어머니. 그 눈물을 보는 내 심정은 이루 말할 수 없을 정도로 참담했다. 오디션 일정이 잡혔다면서 어린아이처럼 좋아하셨던 어머니. 먼 길을 위해 새벽같이 일어나 밥을 챙겨 주시고, 시외버스를 타고 서울에 도착해서는 사람들에게 길을 물어가며 레슨실을 찾아야 했던 어머니. 그 마무리가 유력한 권위자의 "집안이 가난하니 다른 일을 하는 게 좋겠다"라는 비수 같은 조언이라니.

나로 인해 어머니가 그런 수모를 당하셨다는 사실에 분노가 치밀어 올랐다. 도대체 노래 그까짓 게 대체 뭐길래 우리를 이렇게 깔아뭉갠 것인지 오기가 차오르기 시작했다. 그리고 다짐했다. "나는 성악가로 이름을 널리 알리고 말겠다."

내가 음악을 시작한 계기란 음악을 하고 싶어서도, 음악을 진심으로 좋아해서도 아니었다. 내가 본격적으로 노래를 시작한 계기는 다름아닌 버스 차창에 비친 어머니의 눈물이었다. 성악도의 길에 뛰어들어 우리 가족을 좌절시킨 그 교수에게 "당신이 틀렸다"라는 사실을 증명하고 싶었다.

그럼에도 다짐은 다짐이고 현실은 현실이었다. 각오를 제대로 보여주겠다고 결심했지만 그간 고삐가 내내 풀려 있던 망아지의 눈앞에 놓인 현실은 엉망 그 자체였다. 대학 진학은 생각해 본 적도 없었기 때문에 내신 점수 성적표는 상형문자 수준이었고, 수능 점수 역시 8등급이 가장 높은 등급일 정도였으니 당장 갈 수 있는 대학은 커녕 고등학교를 처음부터 다시 다녀야 할 판이었다. 아무것도 모른 채 원서를 넣었던 대학교들에서는 그야말로 광속으로 탈락했고, 결국 재수를 결심했다. 재수 역시 순탄치만은 않았지만 다행히 평가 기준에서 수능 점수의 비율이 상대적으로 작았던 경희대학교에 입학할 수 있었다. 잠시나마 세상을 다 가진 것만 같았다. 대학 입학이라는 새로운 도전의 시작, 새로운 환경인 서울에서의 생활까지 모든 것이 꿈처럼 느껴졌다. 1년간 절치부심하여 노력한 결과로 이루어낸, 나의 첫 성취였다.

예고 출신이
아니라고?

"1년 준비해서 대학에 들어왔다고?"
"두 곡만 연습해서 대학에 들어왔대."
"빽 있어서 된 거 아니야? 말도 안 돼"
"예고 출신이 아니래. 인문계에서 왔대."

대학 분위기는 사뭇 예상과 달랐다. 입학 동기가 40명이었는데 나를 제외하고는 거의 모두가 예술고등학교 출신이었다. 이미 예중 예고 시절부터 시창청음, 화성학과 같은 심화 학습과정을 다 공부해 왔고, 나로서는 도저히 따라가거나 이해할 수 없는 수준의 과목들을 척척 소화해내고 있었다. 이름도 쟁쟁한 서울예고, 선화예고는 물론 각 지방을 대표하는 예술고등학교를 졸업한 친구들 입장에서는 실업계에 다 떨어진 문제아가 운 좋게 인문계 고등학교에 입학, 이후 노래 두 곡만 외워 같은 대학에 들어왔다고 하니 다소 밉상이었던 것 같다. 어느 순간부터 다들 나를 피하는 분위기였다.

첫 실기시험을 위해 나는 정말로 열심히 연습했다. 그럼에도 결과는 꼴등이었다. 어릴 적부터 음악에 열중한 친구들 사이에서 꼴등인 것이 그리 놀랄 만한 결과는 아니었다. 하지만 내게는 음악을 시작하고 겪은 첫 실패이자 큰 패배감이었다. 투자한 노력과 시간이 결과로 연결되지 않았음에 충격을 받았던 것이다. 과연 이렇게 크게 뒤쳐진 현실을 뛰어넘을 수 있을까 하는 의문이 들기 시작했다. 굳은 결심으로 오른 음악의 길, 그 첫길음부터 찌그러져 버린 나는 자신감은 물론 자존감에서까지 큰 상실감을 느꼈다.

궁지에 몰렸지만 무언가 아주 작은 실마리 하나만 찾아내자고 다짐했다. 실패와 한계 속에서만 발현될 수 있는 내면의 강인함이 존재한다고 믿었다. 적어도 무엇이 부족했고 미흡했는지가 명료하게 드러난다는 것은 더 나은 미래를 추구하는 길에 가로등이 켜지는 것과 같았다. 아예 실패와 패배를 스스로의 길로 삼고 나니 오히려 마음에서는 머뭇거림과 거침이 없어졌다. 이후 나는 전국 다양한 콩쿠르들을 가리지 않고 참가하여 일련의 실패와 성공을 끝없이 반복했다. 각 콩쿠르마다 부족한 부분을 파악하고 실력을 보완해 나가는 일에만 몰두했다. 그렇게 수 개월, 한 해, 두 해가 지나갔다.

정확히 어느 시점부터인지는 기억나지 않지만 참가하는 콩쿠르 성적이 서서히 개선되기 시작했다. 참가에 의의를 두던 대회들에서 심심찮게 입상을 하게 되었고, 때로는 우승도 거머쥐곤 했다. 어차피 내가 걷기로 한 길은 실패길이니 이는 그저 스쳐가는 행운이자 우연이라고 여겼다. 그간 쏟은 열정과 노력이 가시적인 결실을 맺기 시작한 것임을 온전히 받아들일 수 있게 된 것은 콩쿠르 성적과 더불어 학교에서의 실기시험 점수도 함께 나아지기 시작했을 때였다.

일부러 어려움을 자처하여 하나씩 극복해 나간다는 전략은 주효했다. 근거 있는 자신감이 뿌리를 내리기 시작했고, 지속적인 노력과 끊임없는 도전이 어떤 결과를 가져오는지를 명확히 깨닫기 시작한 것이다. 그래서일까. 목소리가 점차 견고해지기 시작했다. 이제 비단 예술뿐 아니라 삶의 모든 면에서 도전할 자신감이 차오르기 시작했다. 나는 더 이상 실패에 두려움을 느끼지 않았고, 오히려 새로운 도전에 대한 기대와 열정으로 가득 차 있었다.

> 다 잡은 물고기조차
> 주어지지 않았다.

어느 콩쿠르 결선 날이었다. 최종 결선까지 진출한 것은 나를 포함해 모두 네 명이었다. 우승까지는 바라지 않았다. 그저 꼴찌만 면하여 3위까지 주어지는 입상만 이루어내도 내게는 큰 승리이자 기쁨일 터였다.

쿵쾅대는 가슴을 억누르며 앞 참가자들의 무대를 지켜보던 중 바로 내 앞 참가자가 노래를 부르다 가사를 완전히 잊어버리는 대실수를 범하고 말았다. 음악은 시간예술이다. 즉, 예술가는 정해진 시간 동안만 관객과 만날 수 있다. 따라서 그 정해진 시간 만큼은 완벽해야 하며, 완벽이 어렵대도 최선의 무대를 위해 모든 걸 쏟아내야 하는 법이다. 무대 위에서 가사를 잊어버린다는 것은 그와 동시에 콩쿠르 탈락이 확실시되는 수준의 중대한 감점 요소다.

가사를 잊은 친구에게는 안타까운 마음이 들었지만 동시에 입상은 '따 놓은 당상'이라는 안도가 몰려왔다. 큰 문제 없이 완주만 하면 적어도 꼴찌는 면할 수 있었기 때문이다. 단순히 가사 한 소절을 잊은 것도 아니라 평정심을 완전히 잃고 무대를 중단했기에, 사실상 기권 내지는 실격이라고 생각했다. 앞선 무대의 어수선한 분위기에 휘말리지 않기 위해 차분히 마음을 가다듬은 나는 큰 실수 없이 무대를 마칠 수 있었다.

난 입상을 확신했다. 앞에서 찾아온 전운을 굳이 언급하지 않더라도 스스로의 공연에도 만족스러웠기 때문이다. 설렘 반, 확신 반의 감정을 품고 입상자 대자보가 내걸리길 기다렸다.

드디어 순위 결과표를 들고 나타난 콩쿠르 관계자의 모습이 보였다. 그 발걸음 소리가 점점 또렷해질수록 입상에 대한 확신도 덩달아 선명해졌다.

세상의 진리를 다 깨우칠 수는 없지만 한 가지만은 분명하다. 세상 일은 결코 우리의 희망 가득한 예상대로 흘러가지 않는다. 가사를 통째로 잊어버려 급기야 무대가 중단되었던 참가자가 입상을 한 것이다. 심지어 1위였다. 대자보에 당당히 적혀있는 그 이름을 보는 순간 머릿속이 새하얘진 나는 정말로 두 눈을 의심했다.

'지금 내가 나쁜 꿈을 꾸고 있나?'

1년. 상대적으로 규모가 큰 이 콩쿠르에 출전하기 위해 내가 오롯이 준비하고 공들인 시간이었다. 결선까지 올라올 수 있었다는 것만으로도 충분히 자부심을 느낄 만한 일이었으며, 큰 욕심보다는 결선에서 최선을 다할 수 있음에 감사할 따름이었다.

그러나 그 누구도 부정할 수 없는, 음악 실연가가 무대 위에서 결코 범해서는 안 될 실수가 일어났다. 분명 내가 보았고, 심사위원들이 보았고, 관객들이 보았다. 그런데 내 이름 두 글자가 대자보 최하단 4위 자리에 선명히 적혀 있었다.

그날 느낀 실망감과 분노를 스스로 어떻게 극복했는지조차 기억나지 않는다. 단지 궁금했다.

"왜?"

지나간 콩쿠르의 석연찮음에 대하여 여러 이야기들이 있었다. 학연, 지연 등의 끈이 세상을 촘촘하게 연결하고 그들의 철옹성을 지켜내고 있음을 몸소 깨달았다. 아쉬움, 후회, 분노 등 부정적 감정이 떠오를 법 했지만 일단 결과를 받아들여버리자 오히려 후련해졌다.

'그래, 부조리함이 있었다.'
'학연이나 지연에 밀렸는지도 모른다.'

주저앉아 세상을 저주하기엔 부조리한 시스템을 원망하기엔 시간이 아까웠다. 차라리 생각의 방향을 바꾸기로 했다. 내가 결선에서 입상하지 못한 이유는 그저 실력이 부족했기 때문이라고. 아쉬운 점이 있다면 그건 바로 다른 참가자들을 그야말로 압도할 만큼의 기량과 실력을 갖추지 못한 나의 책임이라고. 왜곡된 세상을 핑계 삼아 스스로의 부족함을 덮거나, 원래는 내가 이긴 것이라며 자위하고 싶지 않았다.

당시 군에서 막 전역하고 노래 실력에 자만해 있던 내게 세상이 보낸 일침이 아니었을까. '어머니의 눈물', 그리고 이어진 '빼앗긴 트로피 사건'은 나를 가장 크게 성장시킨 최고의 양분이었다.

비주류에서 주류로

"교수님, 자서전 한 번 출간해보시면 어떨까요?"

그저 농담이라고 생각했던 나는 웃으며,

"저는 자서전을 집필한 만큼 대단한 사람이 아닌걸요."
화기애애한 분위기에서 점심식사를 마무리했던 날로 기억한다.

그로부터 약 한 달 뒤, 농담을 던진 출판사 대표님으로부터 연락을 받았다. 라디오 생방송을 마치기가 무섭게 방송국으로 찾아오신 대표님이 하신 말씀은,

"교수님, 자기계발서 종류의 책을 읽어 본 적 있으신가요?"
"지금 생각해 보니 끝까지 정독한 적은 없는 것 같네요."

선물로 전해 받아서, 혹은 서점에 들러 소위 세상을 뜨겁게 달구고 있다는 인물들에 관한 책을 몇 차례 집어들어 본 적은 있었다. 다만 늘 마지막 책장을 덮지 못한 것은 페이지를 넘기면 넘길수록 인위적으로 만들어진 그저 한편의 예쁜 이야기라는 느낌을 떨쳐낼 수 없었기 때문이다. "누구나 성공할 수 있다."라고 이미 결말 지어둔 이야기에서는 큰 감동을 얻기 어려웠다.

"우리 정 교수님 스토리를 엮어 자기계발서를 출판해 봅시다."
"제 이야기를요?"

"정 경 교수님은 이른바 예술인들의 엘리트 코스인 예중, 예고, 그리고 이른바 TOP3 대학을 졸업하지 않았어요. 쉽게 말해 주류가 아닌 비주류의 길을 걸어온 것이라 할 수 있죠. 그런데 지금은 과연 어떤가요? 누구보다 주류로 평가받고 있지 않습니까? 소위 성공했다 여겨지는 사람들이 걸어간 안정적인 길이 아닌, 전혀 다른 방법으로 그 위치에 도달한 경우이지요."

"그게 어떻게 자기계발서로 연결될 수 있을까요?"

"교수님은 이른바 주류가 걷는 길을 걷지 않아도 성공 가도에 이를 수 있다는 사실을 몸소 보여준 산 증인입니다. '성공'이라는 단어를 뺀한 스토리로 풀어낸 책들은 너무나도 많아요. 반면 대한민국 음악가로 활동하면서 미국계 대기업 임원, 방송인, 모교 교수, 작가까지 5개 이상의 직업으로 살아가는 사람이 요즘 세상에 달리 누가 있습니까? 이런 삶의 파훼법을 혼자서만 간직하실 요량이십니까?

다른 이들이 가지 않는 험지를 일부러 골라 헤쳐가며 생존한 이의 성공 스토리는 획일화된 현대 사회의 다른 이들에게 좋은 귀감이 될 겁니다. 모름지기 이러한 종류의 지혜는 함께 나눠야 기쁨과 진리가 되는 법입니다. 교수님의 가감 없고 솔직한 이야기는 이 땅의 예술 전공자들은 물론 예술과 전혀 무관한 다양한 독자층에게도 단단한 뿌리를 내릴 수 있는 메시지로 다가갈 것이라 확신합니다. 결코 여기저기 널려 있는 뻔한 이야기가 아니니 더욱 흥미로울 수 있는 겁니다."

"일전에는 그저 농담이신 줄로만 알았습니다만..

생각할 시간이 조금 필요할 것 같습니다."

이 이야기는 그렇게 시작되었다.

'과연 나의 이야기는 독자들에게, 나아가 대중들에게 다른 자서전이나 자기계발서들과 다르게 다가갈 수 있을까?' 스스로의 생각을 이리저리 정리해보았지만 뚜렷한 실마리는 보이지 않았다.

광대로서의 하루를 살아낸 뒤, 기진맥진한 몸을 이끌고 잡은 퇴근길 운전대. 습관적인 직진과 후진, 좌회전과 우회전, 유턴을 하다보니 문득 떠오르는 바가 있었다. 지금의 나를 이곳에 데려다 놓은 온갖 신호와 교차로, 그리고 무수한 사회적 약속 기호들이 이제껏 스쳐간 생각, 목소리들, 방향을 캐치하던 순간의 기억들과 연결되기 시작했다. 그간 지나온 여정이 마치 하나의 물줄기처럼 연결되어 떠오르기 시작하는 순간이었다.

"예술에만 집중해도 될까 말까인데 경영학을 공부한다고?"

"실기에만 집중해야지 이론 같은 걸 하면 나중에 후회한다"

주변의 많은 이들이 만류했다. 이후 박사 논문을 통해 오페라(opera)와 드라마(drama)를 결합한 오페라마(operama) 장르를 발표할 무렵엔 "절대 시도해서는 안 되고, 만약 시작하더라도 실패하는 대표적인 사례가 될 것."이라는 저주에 가까운 이야기를 들었다.

그로부터

1년,

2년,

10년,

그리고 15년째.

언제부터였는지는 정확히 기억나지 않지만 나를 둘러싼 주변의 반응이 조금씩 변화하기 시작했다.

"대체 어떻게 한 거야?"

"역시 잘 해낼 거라 생각했어."

"그걸 해낸 건 네가 처음이야."

칭찬과 격려가 쏟아지지만 그들 중 누구도 처음부터 좋은 이야기를 해주지 않았던 것만은 분명히 기억한다. 극소수를 제외하고는 그 누구도 격려다운 격려나 희망을 품을 수 있는 말을 건네주지 않았던 십 수년 전. 그날의 초심과 절치부심을 매일같이 품은 채 잠들고, 그로부터 깨어나는 삶을 오늘도 여전히 반복하고 있기 때문이다.

나는 아직 성공하지 않았다. '성공'이란 내게 있어 아직 스스로 정의내리지 못한 수많은 어려운 단어들 중 하나일 뿐이다. 다만 지금까지의 여정이 남들과 조금 달라보일 수 있는 것은 기존의 예술인들에 비해 조금 더 넓게 길을 걸었기 때문이라고 생각한다.

물론 그와 같은 비주류적인 행보로 인해 내게 붙은 별명들은 거의 낙인에 가까웠다.

클래식계의 이단아.
예술계의 문제아.
쉽게 말해 사기꾼.

낙인에 가까운 별명들을 오히려 전부 명찰삼아 가슴에 크게 달았고, 언론의 인터뷰나 무대에 설 때마다 그 이름을 전면에 내세웠다. 흔들릴 시간도 없었고, 악명이라는 세간의 관심마저 소중하게 느껴지는 시절이었다.

30km/h, 익숙해지면 40km/h.
40km/h, 익숙해지면 50km/h.
50km/h, 익숙해지면 또다시 60km/h까지.

때로는 안전을 위해 속도를 줄였고, 눈이나 비가 오면 잠시 정차하기도 했다. 그러나 최종 목적지는 단 한 차례도 바꾼 적이 없다.

어디든 일단 가 보자는 마음으로 새로운 길, 심지어는 잘못 들어선 길에서도 새로운 가능성과 경험을 남기려 노력했다. 이러한 여정이 몇 차례, 수십 차례, 수백 차례 반복되자 어느 새 내가 살아가는 삶의 방식 그 자체가 되어 있었다.

자서전, 혹은 자기계발서로 불리울 이 새로운 길을 마주하는 것 역시 직접 밟아 보아야 할, 지금 내 앞에 놓인 길이라는 생각이 들었다.

지구상의 80억 인구는 각기 개성적인 목소리를 가진다. 목소리는 체중, 내장 구조, 골격뿐 아니라 거주하는 지역의 기후에도 영향을 받는다. 두뇌가 신호를 보냄과 동시에 17~25mm(성인 남성 기준)밖에 안 되는 작은 성대에서 온몸을 울리는 떨림이 시작되고, 이윽고 사람의 목소리가 되어 세상에 울려 퍼진다.

자동차 운전과 마찬가지로 목소리 역시 운전자의 선택과 역량에 모든 것이 좌우된다. 상황에 맞게 가속과 감속을 하듯 목소리의 힘을 조절하고, 방향지시등이나 신호를 준수하는 것처럼 마주앉은 상대에게 왜곡없이 감정과 정보를 전달하는 일은 곧 목적지에 도달할 수 있는가, 즉 소통의 성공 여부와 직결된다.

늘 관객들이나 카메라 너머를 상정하며 무대 위를 살아가는 내게는 관객과의 소통이 곧 예술, 그리고 예술이 곧 소통이다. 즉 소통에 성공한다는 것은 예술을 성공시킨다는 의미와도 같다. 이 책에서는 예술인 정 경, 예술상인 정 경보다는 '목소리 운전자'로서의 정 경을 담아보려 애쓰고 있다.

나 역시 목소리를 잘 사용하기 위해서 발성법과 스피치를 배우며 기술에 몰두하던 시절이 있었다. 그로부터 오랜 세월이 지나 깨달은 것은 바로 '목소리는 기술이 아닌 본질'이라는 점이다.

본질을 다듬는 일에는 두 가지가 필요하다. 하나는 충분한 시간이고, 또 다른 하나는 초심과 함께 품었던 목적지를 끝까지 가져가려는 용기다. 과정은 순조롭지 않을 것이며 오히려 평탄하게 흘러간다면 이를 경계해야 한다.

때로는 실패와 좌절, 분노와 증오가 동반될 것이나 그럼에도 불구하고 좌고우면하지 않고 그렇게 겪어지는 대로, 있는 그대로의 시간을 쌓아가다 보면 어느 순간 자신의 목소리가 달라져 있음을 깨닫는 순간이 찾아온다. 스스로의 목소리가, 본질이, 삶의 흐름에 맞추어 음역대를 조정하고, 톤을 바꾸고, 성량을 조절해가면서 자신을 둘러싼 기후와 환경에 가장 적합하고 아름다운 음색을 찾아내고야 마는 것이다.

어린 시절, 지인 혹은 부모님의 권유로 성악을 시작해 예중, 예고를 거치는 것이 성악가가 되는 가장 일반적인 길이다. 상당 기간의 교육과정 속에서 생활 환경, 삶의 패턴까지 모두 예술 기능 위주의 교육에 집중되는데, 이를 두고 엘리트 교육이라 일컫는다. 그러나 나는 예중, 예고를 나오지 않았다. 다니던 인문계 고등학교마저도 미달이 발생해 정말 운 좋게 들어간, 그야말로 엘리트와는 거리가 먼 동네 돌쇠였다. 천운인지, 그 돌쇠는 고등학교 3학년 때 성악을 시작했고, 우여곡절은 많았지만 그로부터 1년 뒤 가까스로 음악 대학에 입학했다.

완전한 아웃사이더였던 나는 남들이 일반적으로 걷지 않고 걸을 리 없는 길을 걷고, 겪었다. 요약하자면 모두가 가야 한다고 말하는 길을 모조리 다 반대로 걸었다.

모두와 반대로 흐르거나 완전히 외따른 곳으로 이어지던 길들을 아무런 기약 없이 홀로 걸었다. 그런데 어느 날 정신을 차려 주위를 둘러보니 비주류라 불리던 예술계의 변방에서만 떠돌던 내가 어느 새 이른바 주류로 불리는, 중앙대로를 버젓이 활보하고 있는 게 아닌가!

여기가 여정의 종착역이 아니기에, 내가 마치 무언가 대단한 것을 이루어 낸 사람처럼 으스댈 자신은 없다. 다만 스스로 걸어온 길을 돌아보고 반성한다는 의미에서 한 번쯤 모닥불 앞에서 풀어놓는 이야기처럼, 관객들에게 풀어놓는 일에 큰 의미가 있을 것이라는 생각이 든다.

앞으로 풀어갈 제2장에서는 여기까지의 여정, 어쩌면 좌충우돌, 우여곡절이라는 단어로 대변되는 이야기를 소개할 예정이다.

회상가로서의 정 경, 스위치-온.

제 2장
그야말로 고군분투

Production
Contents
Business

제 2장

그야말로 고군분투

| 조절,
| 또 조절!

7:30분, 집 밖을 나섰다.

공연이 있는 날도 라디오 생방송은 어김없이 진행된다. EBS 라디오 방송국이 위치한 일산으로 향하는 차 안, 잠긴 목소리를 풀기 위해 발성을 시작한다.

"아~~~~~~"
"에~~~~~~"
"이~~~~~~"
"오~~~~~~"
"우~~~~~~"

생각보다 쉽게 목이 풀리지 않는다. 일반적으로 아침부터 최상의 목 상태를 기대할 수는 없지만 오늘은 전반적인 몸 컨디션 자체가 저조하다는 느낌이 든다. 오늘 소개할 음악을 훑는 것도 중단하고 보다 본격적으로 발성 연습에 집중한다.

'이 목소리로 청취자들과 만날 수는 없는데..'
'온-에어(on-air) 전까지 목소리가 잘 나야 할 텐데..'

긴장한 채 목을 풀기 시작한 지 대략 한 시간 정도 지나자 EBS 건물이 저 멀리 보이기 시작한다. 다행히 목소리는 처음보다 한결 부드럽게 흘러나오기 시작한다. 주차된 차량에서 내리기 전, 또다시 눈을 감고 5분간 스위치-온 과정을 거친다.

'좋아. 힘내자!'

굳은 다짐이 무색하게도 녹화장에 들어가 피디님, 감독님, 스태프들과 인사를 나누는데 다들 내게 피곤해 보인다거나 어딘가 몸이 안 좋은 것은 아닌지 걱정을 해 주신다. 혼자서 외친 파이팅은 지친 안색과 에너지를 바꾸지 못했지만, 이미 가족처럼 가까워진 방송국 일원들의 진심어린 마음에 울컥함을 느끼면서 다시금 가슴이 끓어오르기 시작한다. 코로나가 성행하던 시기에 시작된 라디오 방송. 벌써 이곳 가족들과 함께 한 시간도 3년이 훌쩍 넘었다. 항상 나를 반겨주고 걱정해 주는 마음들 덕에 수많은 위기도, 슬럼프도 바로 오늘처럼 원기백배하여 넘어왔으리라.

독불장군처럼 보이지만 실은 주변 분위기의 영향에 굉장히 민감한 편이다. 태생이 무대에서 관객들의 반응과 숨결에 모든 감각을 곤두세워야 하는 광대이기에 어쩌면 당연한 일인지도 모른다.

이는 곧 걱정과 응원이 조금만 곁에 모여들어도 물리적인 현실이나 컨디션과 무관한 힘을 얻는다는 뜻이기도 하다. 모두를 실망시키지 않기 위해, 또 앞으로 나아가기 위해, 주위를 둘러싼 작은 속삭임과 숨결로부터 거대한 힘을 순식간에 끌어모으는 모양이다.

출근길 내내 목씨름을 벌인 끝에 목이 풀렸다. 스탠바이하는 목소리에 능청스러운 윤기가 흐르기 시작한다. 어느덧 컨디션은 그야말로 최고조. 불편하고 어두운 목소리로 개시할 뻔했던 오늘의 방송은, 오히려 전례없이 매끄러운 시작을 선보이며 대반전을 이루어냈다. 기분도 덩달아 최고조에 달했다.

소개한 음악이 흘러나가던 도중 휴대폰에 메시지가 도착했다.

[이사님. OO입니다. 회사에서 오늘 공연 준비물품을 챙겨서 이제 막 공연장으로 출발했습니다. 잠시 보이는 라디오 채널에서 이사님 모습을 보았습니다만, 오늘 유달리 컨디션 좋아 보이십니다. 공연장 쪽은 저희가 철저히 준비해 놓을 테니 지금 그 좋은 컨디션과 기운만 챙겨서 오시면 됩니다. 아무 걱정 마시고 오시는 길 조심하셔요. 그럼 이따 뵙겠습니다!]

공연 준비로 어제도 자정이 넘어 퇴근한 직원의 메시지였다. 안 그래도 지치고 피곤할 텐데 이런 감동적인 메시지라니! 또다른 힘이 샘솟기 시작했다. 몸도 마음도 목소리도 무거웠던 아침은 이미 온데간데 없었다.

최전선에 서 있는 예술가로서의 일상은 마치 롤러코스터처럼 하루에도 몇 차례씩 굴곡을 마주하는 법이다. 그러한 순간마다 날아드는 댓글 하나,

문자 하나, 전화 한 통, 격려 한 마디. 마법과도 같은 이 작은 순간들이 나의 재구를 일으키고, 나는 마이크와 카메라 너머의 수많은 이들에게 힘을 실어 목소리와 이야기를 전달한다. 힘을 모아 나를 일으켜 주는 이들에게 충분히 보답을 하고 있는지 확신은 없지만, 그들이 전하는 에너지를 모아 최대한 널리 퍼질 수 있는 채널에 쏟아내는 것이 현재 내게 주어진 사명이자 역할이라 믿는다.

다시 방송을 진행한다.

[오늘따라 정 경 진행자님 에너지가 더 좋은 것 같아요]
[목소리에 힘이 넘치시네요]

응원의 댓글이 쏟아지기 시작했다. 목소리에 더욱 힘이 들어간다. "브라보~!"를 크게 외치기도, "하하하!" 웃음소리가 아슬아슬할 정도로 커지기도 한다.

'아차. 오늘 저녁 공연이 있었지. 더 무리하면 안 돼.'

머릿속에서 끊임없이 고삐를 쥐었지만 한번 뻗어나가기 시작한 기세를 제어하기란 쉽지 않았다. 방송이 끝난 후 PD님, 감독님, 작가님 모두 입을 모아 오늘 진행이 최고였다는 피드백을 전달해 주신다. 시청자들의 반응도 더할 나위 없었고 진행 내내 제작진들 모두 너무나 즐거웠다면서 좋은 에너지를 나눠주어 고맙단다.

공연장으로 이동하기 위해 방송국을 나와 차로 향하는 길, 뒤늦게 깨달 았다. 지나치게 들떠서 방송을 진행하다 보니 목에 약간 무리가 왔다. 서둘러 방송국 식구들과 인사를 마무리하고 차에 올랐다. 최 과장은 내게 잠시 눈을 붙이길 권유했고, 스스로의 몸 상태에 위기를 느낀 나는 다급하게 잠을 청하기로 결정했다.

의식을 잃은지 약 30분쯤 뒤, 차는 이미 공연장에 도착해 있었다. 짧은 휴식이었지만 컨디션은 제법 다시 올라와 있었고, 몸도 마음도 제법 개운하게 느껴졌다. 목에서 느껴지던 통증도 한결 나아졌고 목소리도 준수하게 되살아났다. 차에서 내려 출동하기 5분 전. 오늘의 두 번째 스위치를 올린다.

'지금부터는 아티스트 정 경이다. 좋은 무대를 만들어 낼 생각만 하자.'

스위치-온.

'할 수 있다!'

| 긴장의 끈 놓지 말고,
| 집중!

공연장에 도착하니 이미 모든 세팅이 끝나 있었다. 나를 발견한 직원들이 웃으며 몰려온다.

"좀 쉬면서 오셨어요? 컨디션은 좀 어떠세요?"

"괜찮아. 너희 연락받고 마음이 놓여서 오는 길에 잘 쉬었지. 준비하느라 고생 많았다."

"고생은요. 준비하고 계시면 대기실로 모시러 갈게요."

대기실에는 오늘 공연 자료, 따뜻한 물이 담긴 머그잔, 다과가 가지런히 준비되어 있었다. 마음이 한결 더 편해진다.

공연에 앞서 본격적으로 목을 풀기 시작한다. 목 상태는 확실히 일산 EBS 방송국에서 출발할 무렵보다 훨씬 나아져 있었다. 어느 정도 목이 풀리는 걸 확인하고는 지체 없이 리허설을 하기 위해 공연장으로 향한다.

리허설 과정에 긴장하고 집중하지 않으면 실전 무대에서는 더욱 긴장감이 느슨해지는 까닭에 정신적으로 최대한 중무장하여 리허설 무대에 오르려 노력한다. 공연장에 도착하니 리허설 준비가 끝나 있었다.

"리허설 곧 시작할까요?"

"그래. 이제 해보자. 다 준비된 거지? 철저하게 다시 체크했지?"

"네, 모두 준비되어 있으니 시작하셔도 됩니다."

"좋아! 긴장의 끈 놓지 말고, 다함께 집중!"

오페라마(operama)는 고전의 오페라(opera)와 현대의 드라마(drama)를 결합하여 만든 단어이자 하나의 장르이다. 보다 체계적으로 설명하자면 고전 무대예술의 '형식'에 우리가 몸담고 살아가는 현대의 '이야기'가 녹아 있는 공연 및 예술 콘텐츠 형태를 말한다. 이를 통하여 나는 어렵고 따분하다는 인식의 오페라, 나아가서는 클래식을 현대인에게 친숙할 내용과 풀이를 담아 여러 형태의 무대 위에서 선사한다. 여기서 여러 형태의 무대라 함은 단순히 무대와 객석이 갖추어진 공연장만을 일컫는 것이 아닌, 오늘날 대중에게 전해질 수 있는 모든 루트를 말한다. TV 방송, 라디오 방송, SNS, 스트리밍 서비스, 도서, 강연, 창작 뮤지컬 등 기존 공연장에만 갇혀 있던 클래식을 전방위로 해방시키는 작업인 셈이다.

나는 박사과정 당시 오페라마를 처음 떠올렸다. 처음에는 그저 몇몇 융복합 예술 작품에 붙일 임시적인 이름으로 활용할 생각이었지만 논문을 써 내려가는 과정에서 이를 보다 심화시켜 하나의 장르로 만들어보면 좋겠다는 확신을 갖기 시작했다.

기존의 클래식 공연과는 확연히 다른 음향, 조명, 미디어 등을 최대한 활용하여 대중에게 훨씬 쉽고 재미있게, 또한 친숙하게 다가갈 수 있는 길로 만들어내고 싶다는 생각에 가슴이 뛰던 기억이 난다.

이번 공연에서 소개할 오페라마 작품은 제법 큰 규모의 공연 콘텐츠로서 상당한 인력과 장비가 필요하다. 음향, 조명, 미디어(ppt 및 영상자료)는 물론이거니와 오퍼레이터, 스태프 등 한 공연을 위해 투입되어야 하는 인력이 최소한 다섯 명 이상이어야 한다. 따라서 제작진 사이의 케미스트리는 물론 서로 손발과 호흡을 맞추어 보는 과정도 적지 않게 필요하다. 특히 오늘 공연처럼 처음으로 오르는 공연장일 경우 더욱 강도 높은 사전 체크와 리허설이 필수적인 법이다.

오페라마 콘텐츠는 물론 나 역시 아티스트로서는 처음 무대에 서 보는 공연장이었기에 오늘의 리허설은 부분 생략 없이 전체 분량을 진행해보고 싶었다.

그렇게 시작된 리허설. 암전된 상태에서 인트로 음악이 흘러나왔다. 그리고 내가 무대에 등장하는 순간, 정상적으로 작동되어야 할 무대 뒤 스크린 영상과 조명이 잠잠했다. 약 10초 정도가 흐른 후에야 조명과 스크린이 작동하기 시작했고, 나는 곧바로 리허설을 중단시켰다.

"지금 왜 조명과 스크린이 제대로 작동하지 않은 거지?"

"죄송합니다. 다시 해보겠습니다."

"지금 나는 그 이유를 묻고 있는 거야. 대체 왜 안 나온 거야?"

"저희 스태프 간 커뮤니케이션에 문제가 있었던 것 같습니다. 죄송합니다."

"그럼 너희의 실수가 원인인 거야? 이렇게 집중 안 할거야? 지금이야 리허설 주체인 나한테 죄송하다고 하고 다시 진행하면 될 일이지만, 조금 뒤 실제 공연에서 이런 일이 생긴다면 누구한테 사과하고 넘어갈 수 있다고 생각하는 거야? 큰 돈 쓰고 귀중한 시간 내어 우리 공연 찾아와주시는 관객분들 일일이 붙잡고 양해라도 구할거야? 다들 정신 똑바로 안 차릴래?"

"죄송합니다!"

"우리는 공연이 상품인 회사고 사람들이야. 이런 실수가 발생하는 퀄리티의 공연에는 그 누구도 지갑을 열려고 하지 않아. 너희가 관객이라면 준비가 잘 되어 있는 공연 상품이었다고 기억하겠어?"

"어떤 의미로도 부정적인 평가를 내릴 것 같습니다."

"무대에 오르는 나뿐 아니라 여기 모인 모두가 바로 그런 마음으로 무대를 만들어나가야 하는 거야. 지금 기초예술이 대중문화의 퀄리티에 범접하지 못하는 이유가 바로 이거야. 대중문화에서, 예를들면 TV 생방송에서 이런 실수가 가당키나 할 것 같아? 외국 공연장에서 이런 일이 생기면 바로 마켓 아웃이야. 그러니 정신 똑바로 차려! 다들 알았어? 자, 지금부터 정확히 5분 후 다시 시작한다. 그 사이에 재발하지 않게 단단히 준비해놓고 스탠바이해!"

5분 뒤 다시 시작된 리허설. 인트로 음악이 흘러나오고 나는 다시 무대 위로 등장한다. 정확한 타이밍에 조명과 스크린이 작동한다. 이후 진행된 리허설 전 분량은 완성도 높게 진행되어 순조롭게 마무리되었다. 열심히 준비해 온 직원들에게 공연 직전 별안간 버럭 화를 내게 되어 미안한 마음이었지만 이는 오로지 나만이 수행할 수 있는 역할이었다. 문제가 무엇인지 정확하게 표현하여 알려줘야 하는 것이 나의 역할이자 사명이며, 직원들에게는 이를 뼈와 살로 삼아 배워나가는 과정이 필요했다고 믿는다.

다소 나의 표현이 잔혹하고 과격했을지도 모른다. 그러나 나는 스스로 겪어 온, 분명한 사실만을 전했다. 세상은 나보다 훨씬 잔혹하고 과격한 방식으로 부족한 사람과 콘텐츠를 도태시키곤 한다.

대중문화는 대중들에게 큰 호응을 얻고 있다. 반면 기초예술은 그들만의 리그로 축소되어 학예회 정도의 수준으로 운영되고 있다. 이 개탄스러울 수준의 갭이 발생하는 이유는 간단하다. 대중문화는 '상대에게 보이는 외적인 것'에 집중하고, 기초예술은 '내가 얼마나 그 작곡가, 작품과 긴밀한 소통을 하고 있는가'를 보여주기 위한 공연이기 때문이다. 쉽게 말해 두 분야가 지향하는 방향 자체가 다른 까닭이다.

기초예술가들은 본인의 연주에만 집중할 뿐 스스로의 태도와 행동이 대중과 객석을 상대로 얼마나 중요한지 전혀 모르고 무대에 올라왔고, 여전히 오르고 있다. 시간이 갈수록 기초예술 공연이 대중의 선택을 받지 못하는 이유가 바로 여기에 있다. 나는 현재 대중문화와 기초예술의 접점 최전선, 즉 중간계를 꾸려나가는 역할을 하고 있기에 그 누구보다 이 부분을 예민하게 들여다보고 숙고한다.

최전방에 서 있기에 짊어진 책임감도 늘 막중하다. 대중문화와 기초예술을 한 데 엮은 오페라마 무대는 외적인 부분도, 무대 위 아티스트가 얼마나 본 작품이나 작곡가와 긴밀한 소통을 하고 있는가도 다 잡아내야만 한다. 때로는 함께 일하는 사람들이 이러한 나에게 굉장한 피로감을 느끼고 스트레스를 받기도 한다. 그러나 이러한 제련과 단련의 과정을 거치지 않으면 어디 가서도, 어느 무대에서도 빈번하게 실수를 저지르다가 결국 뒤처지고 도태되어 잊혀질 것임을 누구보다도 잘 알고 있다.

의기소침해 있는 직원들을 보니 마음이 쓰이긴 하지만 우선은 당장 올려야 하는 공연에 집중하기로 한다. 리허설은 끝났지만 대기실에 앉아 다시 한번 공연 전반의 시뮬레이션을 머릿속에 돌리며, 내 안의 아티스트로서의 정 경을 최대한 이끌어 낼 준비를 한다.

| 영업은
끝나지 않는다

공연 시작까지 남은 시간은 약 2시간 남짓. 허기를 겨우 면할 만큼만 배를 채운다. 공연 직전 배를 불려두면 노래 부르기가 굉장히 힘들어지기 때문이다. 짧다면 짧고 길다면 긴 공연 직전의 한 시간. 이때 충분한 휴식을 취해야 관객에게 내 모든 에너지를 온전히 전달할 수 있다.

10분 정도라도 잠시 눈을 붙여보기 위해 위해 소파에 비스듬히 앉았다. 그런데 별안간 노크 소리가 들려온다.

(똑똑똑)

"네 들어오세요."

"이사님. 잠시 들어가도 될까요?"
"그래. 무슨 일이야?"

"T 그룹 임원분들이 이사님과 인사를 나누고 싶다고 말씀하시네요. 자리를 갖게 되시면 자연스럽게 다른 부서들과도 좋은 관계가 형성될 것 같은 분위기여서 곧바로 거절하지 않고 이사님 의견을 여쭈러 왔습니다. 공연 직전이셔서 충분히 쉬셔야 하는 건 너무 잘 알지만 그냥 흘려보내기 아쉬운 기회 같기도 해서.."

"지금밖에 쉴 시간이 없긴 하다만… 그래도 인사 나누는 자리가 더 중요하니 우선 모시고 오렴. 여긴 내가 준비해두고 있을게."

"네 알겠습니다. 그럼 10분 후에 T 그룹 임행분들 모시고 오겠습니다."

어쩐지 지나치게 순조로웠다. 그러면 그렇지, 오늘도 언제나와 마찬가지로 잠시두 쉴 틈이 없다. 타인에게 이해받기 어려운 아티스트로서의 원리원칙을 먼저 따지기에는 '예술상인'이라는 나의 명찰이 어디에서나 빛나고 있다.

나는 주저하지 않고 대기실을 정돈한 다음 손님들을 대기실에 모신다. 공연을 불과 40분 정도밖에 남겨두지 않은 상황임에도 불구하고 나는 모든 에너지를 쏟아부으며 대화를 이끈다. 옆을 지키고 있는 직원의 눈빛이 초조해 보인다. 이제 공연 스탠바이에 들어갈 준비 시간인데 잠시 인사를 나누러 오신 손님들이 시곗바늘의 움직임과 무관하게 계속 대화를 이어나가고 있으니. 대화를 이끄는 나 역시 머리 한편에선 끊임없이 십 수분 뒤의 공연을 재생하고 있다.

"말씀 나누시는 중에 정말 죄송합니다. 이사님이 이제 15분 후 무대에 오르셔야 합니다. 최고의 공연을 보여드릴 수 있도록 준비하는 시간이 필요한 관계로, 양해해 주시면 감사하겠습니다."

"아이고, 시간이 벌써 그렇게 됐나요? 대화가 너무 재밌어서 공연 준비 하셔야 하는 걸 생각도 못 하고 넋을 빼놓은 채 계속 여기에 있었네요! 시간 뺏어서 미안합니다. 어서 준비하시고, 저희는 관객석에서 기다리고 있겠습니다. 멋진 공연 기대할게요!"

T 그룹 임원들이 대기실에서 퇴장하자마자 직원은 재빨리 본론으로 들어간다.

"공연 시작 전 마지막으로 상기해드릴게요. 리허설때와 같습니다. 전체 암전된 상태에서 여기 출입구로 등장하시면 되고, 첫 번째 곡은…"

"그래, 리마인드해줘서 고마워. 안 그래도 나도 좀 정신이 없었거든."

"시간상 임원분들과 대화가 끊겼으니 공연이 끝나자마자 임원분들과 다시 인사 나눌 자리를 마련해보도록 할게요. 지금은 공연에 집중해 주시고, 끝난 이후에 인사 나눌 자리가 마련될 수 있음을 염두에 두시면 좋을 것 같습니다. 조금만 더 힘내주세요."

"그래. 모두 각자 자리에서 파이팅하자."

"네, 무대에서 아까같은 실수는 없을테니 걱정 마시고요."

…….

공연은 그야말로 대성공이었다. 마지막 인사 멘트가 끝나자 엄청난 환호성이 쏟아져 나왔다. 뜨거운 박수 소리가 이미 벅차있던 마음을 한층 더 끓어오르게 만들었다. 대기실로 돌아오던 줄 공연 직전 들은 말이 떠올랐다. 무대 위 예술가로서의 환희와 희열을 조금 더 만끽하고 싶었지만 다시 '예술상인으로 돌아갈 시간'임을 상기하며 상담(商談)을 나누기 위해 대기실로 들어섰다.

임원 1 : "감동은 물론 재미까지 놓치지 않은 공연이었습니다. 그 엄청난 에너지의 원천이 대체 무엇인지 궁금할 따름입니다. 좋은 무대 보여주셔서 감사합니다."

"재미있게 봐주셔서 저희가 감사하죠. 공들여 준비한 보람이 있어 기쁩니다. 저희가 가진 오페라마 콘텐츠는 오늘 무대에 올린 작품 하나만 있는 게 아닙니다. 뿐만 아니라 하나의 레퍼토리를 가지고 주제, 연령, 기업의 특성별로 맞춤형으로도 재단하여 무대에 올릴 수도 있으니 언제든 필요하시면 연락 주십시오. 정성과 최선을 다해 맞이하겠습니다."

임원 2 : "이번에 저희 지점에서 VIP 회원분들을 대상으로 공연을 진행할 예정인데 가능하면 한 번 모시고 싶습니다. 명함 한 장 부탁드려도 괜찮을까요?"

"좋게 봐주셔서 감사합니다. 부사장님 명함을 제게 한 장 주시면, 내일 곧바로 실무자를 통해 연락드리도록 하겠습니다."

임원 3: "저희도 처음 접하는 공연이고 사전 정보도 많지 않아서 처음엔 반신반의했는데 저희뿐만 아니라 전반적인 공연 피드백이 너무 좋네요. 오히려 저희가 무대에 모실 수 있어 영광이었습니다. 앞으로 이사님 공연은 저희가 적극적으로 홍보하겠습니다."

"첫 공연인데도 불구하고 성황리에 잘 마칠 수 있었던 건 T 기업에서 많은 도움과 배려를 베풀어주신 덕분입니다. 일단 첫 공연이 성공적으로 마무리되었으니 조만간 제가 한 번 식사 자리에 모시고 싶습니다. 향후 일정 확인하고 내일 바로 연락드리도록 하겠습니다."

약 두 시간 가량 이어진 내빈들과의 인사 및 사진 촬영이 끝난 후 직원들과 함께 공연장을 빠져나와 가까운 카페로 향했다. 시간을 낭비하거나 지체하는 것을 참지 못하는 성미이기에, 아무리 피곤해도 공연 직후 늘 모두 함께 모여 방금 전 공연에 대한 피드백을 나누는 시간을 갖는다. 공연 콘텐츠의 적합성, 관객의 반응, 공연 전후의 영업 상황, 실수, 앞으로 보완해야 할 점 등

서로가 느낀 부분을 가감없이 나눈다.

우리 직원들은 막무가내로 "이번 공연 너무 좋았습니다"라고 이야기하지 않는다. 발전의 여지가 감지되지 않는 피드백이야말로 내가 가장 싫어하는 피드백임을 누구보다도 잘들 알고 있는 까닭이다. 또한 "오늘 스피치 중 이 부분이 매끄럽지 않아서…"와 같은, 대안이나 해결책에 대한 상상력이 결여된 피드백도 다함께 지양하려 노력한다. 대신 "화면에 빈 페이지를 추가해 잠시 호흡을 쉴 틈을 주고 넘어가면 좋겠다", 혹은 "스피치의 매끄러운 진행을 위해 해당 대사를 아예 삭제하는 게 좋겠다"와 같은 구체적인 해결 방안들이 곁들여진 퀄리티 높은 피드백을 나누며 우리는 이미 다음 공연 준비에 돌입하곤 한다.

리허설 1시간, 실제 공연 시간 약 1시간, 공연 전후의 영업 및 재정비 3시간. 우리에게 가장 아름답게 느껴지는 시간이자 우리가 가장 빛나는 시간이다.

어느 새 시간이 훌쩍 흘러 시계는 자정을 가리키고 있었다. 어쩌면 나 자신보다 더 힘들고 고단했을 직원들에게 미안한 마음이 든다. 리허설 도중 호통 친 기억을 떠올리며 어쩌면 장비 문제인데 괜히 애꿎은 직원을 혼낸 것은 아닌가 싶어 머쓱해진다. 그가 아무 변명도 하지 않아 실상은 알 수 없었지만 힘든 내색 없이 "오늘 하루도 고생 많으셨다"며 웃는 얼굴을 보니 우리가 참 괜찮은 팀이라는 생각이 든다.

"모두에게, 정말 고마운 하루였다."

수줍은 나의 한마디를 끝으로 회의가 마무리된다.

"다들 너무 고생했으니 내일은 늦잠 자는 휴무일로 지정한다. 하루 다들 재충전하고 모레 만나자꾸나."

벌써 15년이 지났음에도, 참 서툴다.

직원들을 보내고 집으로 향하는 길. 밤공기가 제법 차다. 차창을 열고 서늘한 밤공기를 들이마시며 오늘 하루를 회상한다. 아침 출근길, 라디오 생방송, 또 다시 목을 부여잡은 채 이동, 공연 리허설, 공연, 영업, 회의. 끝이 보이지 않았던 기나긴 하루였다. 이상하게도 공연이 있었던 날이면 모든 에너지를 관객에게 쏟아낸 탓인지 알 수 없는 공허함이 엄습한다. 구름 위에 놓인 듯 붕 뜬 느낌이 들기도 하고, 무언가를 끝없이 채워도 동시에 계속해서 빠져나가는 듯한 느낌이 들기도 한다. 오늘도 다르지 않다. 나는 끝 모르도록 어두운 밤하늘만을 하염없이 올려다 본다.

지금으로부터 20년 전, 나는 그저 현실감각 없이 패기만 넘쳐 날뛸 뿐인 보잘 것 없는 청년이었다. 다행인지 불행인지 불같은 성미 덕에 치밀어 오르는 분노와 오기로 하루하루를 이 악문 채 버텨낼 수 있었고, 온갖 부정적 시선과 비판, 심지어는 비난을 한 몸에 받으면서도 오늘까지 살아남을 수 있었다. 어느 유명한 시구처럼, 나를 강하게 만든 건 그 대부분이 바람과 칼날이었다는 생각이 든다.

또 다른 누군가가 그랬다. 쇳덩이가 너무 단단하면 부서진다고. 상황에 따라 단단하기도, 휘어지기도 하는 유연한 쇳덩이로 거듭날 수 있다면 앞으로의 삶은 자연스레 행복으로 이어질 것이라고. 오늘 하루 주변 지인들, 방송국 식구들, 직원들, 관객들이 전해 온 응원과 조언 한 마디 한 마디를

되새기면서 이렇게 또 하루를 살아 낸 스스로에게 심심한 위로와 칭찬을 건넨다.

'오늘 하루도 수고 많았다. 정 경, 스위치-오프off.'
또 다른 전쟁터가 펼쳐질 내일을 위하여.

절대 해서는 안 되며,
실패하는 대표적인 사례가 될 것

프랑스의 미술가 마르셀 뒤샹(marcel duchamp)은 1917년 전시장에 남성용 소변기를 예술작품으로 출품하여 예술가로 유명세를 얻었다. 그의 파격적인 전시는 첫 제안 당시 주최측으로부터 전시를 거절당하는 우여곡절을 겪었지만 작가의 강력한 출품 의지로 전시회가 성사되었다. 결국 뒤샹은 이 전시회를 기점으로 레디메이드(ready-made)라는 새로운 미술 개념을 창시한 선구자로 인정받았고, 예술사의 위대한 전환점 하나를 장식하는 인물로 입지를 굳혔다.

음악의 역사 또한 흘러온 모양새가 미술사와 크게 다르지 않다. 종교적 권위가 절대적이었던 바로크 시대, 성악은 신을 찬미하는 가장 성스러운 악기이자 찬미 수단이었다.

이후 16세기 피렌체에서 오페라가 탄생하자 성스러운 성악이 종교나 신을 찬미하는 것과 무관한 속세의 이야기를 노래하는 일에 활용되었다며 엄청난 지탄을 받았다. 음악사, 미술사, 전쟁사, 정치사 등 그 어떤 방면의 역사에서도 주류에 저항하는 새로운 시도는 처음엔 논란을 낳지만 결국 역사적으로 중요한 전환점으로 기록되는 법이다.

이러한 패턴은 보다 미시적인 세계, 쉽게말해 개인의 삶에서도 동일하게 나타나는데, 내가 처음 오페라마(operama)를 시작할 당시 접했던 주변의 반응은 단순한 '불신과 우려' 수준이 아니었다. 당시 지도교수님들 중에 오페라마를 두고 다음과 같은 말씀을 전해주신 분도 계셨다.

"절대 해서는 안 되며, 실패하는 대표적인 사례가 될 것이다."

현실은 만화 속 세상과 달라서 보잘 것 없는 이가 용기내어 도전을 하려들면 격려와 응원보다는 만류의 목소리와 우려 섞인 눈빛만을 보낸다. 나를 비롯한 오페라마의 경우는 일반적인 수준보다 조금 더 심했다고 생각한다. 동종업계에서 다방면으로 지탄을 받았고, 심지어는 온갖 안 좋은 이야기들을 한아름 안고 출발지점에 서야 했기 때문이다. 동료라 생각했던 음악 전공자들의 따가운 시선이 등에 무수히 꽂히는 가운데 나는 묵묵하게 뜻을 함께 하는 이들과 힘을 모아 새로운 길로 한 걸음씩 나아가야 했다.

어릴 적 육상부 소속으로 운동을 경험하며 체득한 것이 있다면 그건 바로 '행동 우선주의적'인 삶의 방식이다. 반면 음악을 어릴적부터 오래 해 온 분들 대다수는 생각이나 계획을 행동으로 옮기는 일에 있어 비교적 정신적, 시간적 소모가 큰 것처럼 보인다.

그러한 사고방식 내지는 행동방식의 차이에서 탄생한 것이 바로 위에서도 언급한 바 있는 '오페라마(operama)' 프로젝트였다.

독특하고 다채로운 시청각 컨텐츠를 최대한 활용하여 독창적인 방식으로 음악, 그리고 클래식이라는 장르에 접근하려 애썼다. 수많은 음악인들이 내게 안 될 일이라고 말했지만 일단 행동부터 이행해야 직성이 풀리는 나는 크게 걱정하거나 두려워하지 않았다. 오히려 도전하지 않고 가만히 눈앞에 놓인 길을 얌전히 걸으며 소극적으로 살아가야 하는 삶에 더 큰 우려와 두려움을 느꼈다. 매우 흥미로운 점이 하나 있다면 당시 나를 비판하던 음악인들 중 절반 이상이 오늘날 더 이상 음악을 업으로 삼고 있지 않다는 사실이다.

"어느 학교 출신이야?"
"누구 제자야?"
"어느 지역 출신이야?"
"유학은 어디로 다녀왔어?"
"몇 년간 다녀왔어?"

예술계는 여전히 서로의 출신, 학교, 선후배, 지역, 유학 경험 등을 인사말로 삼고 있다. 어쩌면 이는 비단 예술계만의 관행이라기보다는 동종업계 사람들 간의 당연한 소통 방식인지도 모른다. 하지만 정말로 당연해도 괜찮은 걸까? 어떤 분야에서든, 어떤 의도에서든 선한 의도로 포장된 암묵적 차별이 존재한다. 현실은 그렇다. 나는 그저 이러한 관행, 그리고 우아한 차별이 만연한 세계에서 차라리 정면에, 그것도 최전선으로 나아가기로 결심했다.

대한민국 예술계에 가장 필요한 최우선 순위 요소가 바로 '장르'라고 판단한 나는 가장 빠르게 장르화시킬 수 있는 기초 개념들을 포착했다. 오페라마 장르에서의 '오페라'는 우리가 알고 있는 이탈리아의 오페라뿐 아니라 고전 기초 예술인 무용, 미술, 음악, 문학 등 기초 예술 전체를 지칭한다. 그리고 '드라마'는 미국에서 탄생하여 대중 영상 문화를 장악한 현대적 형태의 극작품만에 국한된 개념이 아닌, 록 음악, 재즈 및 블루스, 힙합 등 포스트모더니즘 음악 전체 장르를 통괄하는 개념으로 정의했다.

'이탈리아에서는 오페라가, 미국에서는 드라마가 왔다면 대한민국에서는 이 둘을 융합해 오페라마를 탄생시켰다'는 간판을 확립하고 싶었다.

모르는 사람이 없는 뮤지컬 〈노트르담 드 파리(Notre-dame de Paris)〉는 프랑스에서 탄생했다. 대한민국 무대에 오른 뮤지컬 역사상 가장 압도적인 흥행작으로 2004년 국내 초연 이후 누적 공연 회차 1,410회, 평균 객석 점유율 95%, 누적 관객수 150만 명을 돌파했다. 이에 버금가는 인기를 누리는 뮤지컬 작품 〈지킬 앤 하이드(Jekyll & hyde)〉, 〈위키드(Wicked)〉는 미국에서 제작되었다. 빅토르 위고의 소설을 원작으로 영화, 뮤지컬, 연극 등으로 제작되어 많은 무대에서 만나볼 수 있는 〈레미제라블(Les miserable)〉은 영국과 미국의 합작으로 약 5,000억 원을 투자하여 현대 영화로 제작되었고 그 결과 투자 액수의 수백 배가 넘는 부가가치를 창출해냈다. 이처럼 세계 각국에서 탄생한 뮤지컬들은 각기 그 나라의 역사, 문화, 예술적 특성을 대표하는 산물이자 국제적인 예술 교류의 일환으로 자리매김하고 있다. 뮤지컬은 언어와 문화의 경계를 넘어 국제적인 예술 언어로서의 역할을 수행하며, 이를 통해 상호간의 다양성 교류는 물론 이해의 폭을 증진시키는 가교 역할을 톡톡히 하고 있다.

2023년 기준, 세계 GDP순위 13위에 자리한 대한민국. 이제는 뮤지컬 〈지킬 앤 하이드〉를 보기 위해 지갑을 열어 20~30만 원을 기꺼이 소비하는, 즉 문화예술 향유에 있어 누구에게도 뒤처지지 않는 경제 대국의 반열에 올라 있다. 그런데, 일견 위풍당당해 보이는 문화강국의 이미지 뒤에는 대중이 잘 알지 못하는 그림자가 숨어있다. 바로 수입 콘텐츠로 인해 발생하는 로열티 문제이다. 외국의 유명 뮤지컬 티켓을 구매하면 티켓값의 무려 절반 가까이 해당 국가의 뮤지컬 제작사로 송금되는데, 바로 저작권료가 자동으로 지불되는 것이다. 쉽게 말해 대한민국 국민들이 고가의 해외 뮤지컬 티켓값을 지불하면 그 중 절반 가까운 금액이 해당 국가의 뮤지컬 산업, 나아가 문화예술 사업을 후원하는 데 쓰이는 것이다.

해외 유명 뮤지컬들을 수입해 무대에 올린 지 수십 년이 지났음에도 우리는 아직도 엄청난 문화적 조공을 바치고 있는 셈이다. 여기서 다시 한 번 복기할 필요가 있다.

"선진국은 장르를 만들고, 후진국은 콘텐츠를 채운다."

타국에 문화적 조공을 바치지 않을 수 있는 우리만의 새로운 장르. '오페라마(operama)'로 대변되는 대한민국의 고유 브랜드를 확립하는 일이야말로 내가 예술인으로서 궁극적으로 지향하는 종착역이다. 고유한 전통과 현대의 유행, 동양과 서양 문화가 교차하는 접점을 끊임없이 만들어내어 새로운 융복합 장르를 다져나가다 보면, 언젠가 새로운 문화적 흐름이 만들어진 것이라 믿고 달려왔다. 이를 통해 대한민국이 독자적인 문화 정체성을 세워나갈 발판 마련에 힘을 보탤 수 있다면, 대한민국의 일개 예술인이자 예술상인으로서 더 바랄 일이 없다.

비록 아직 세상에 널리 알려지지는 않았지만, 오페라마를 통한 우리 고유의 장르 확립 노력이 한 걸음씩 전진하고 있다는 사실은 고무적이다. 개개인의 노력과 기여가 한 사회, 나아가 국가적인 문화예술 창의성과 브랜드 확립에 있어 결코 무가치하지 않음을 시사하기 때문이다.

차별을 이겨내는 것, 관행이라는 이름의 프레임을 변화시키는 것, 포기하지 않고 끝없이 도전하는 것만이 지금까지 나의 삶이자 목표였다. 일종의 투쟁과도 같았던 여정 속에서 나는 스스로의 목소리를 단단하게 일으켜 세우고자 했으며, 이를 통해 예술의 새로운 지평을 열어갈 수 있기를 꿈꾸어 왔다.

이처럼 산고의 세월과 고통을 거치며 탄생한 오페라마는 현재 새로운 예술 장르 개척 최전선에서 활약하고 있으며, 예술계에서 성공한 새로운 시도의 사례로 자리매김하게 되었다. 프랑스의 미술가 마르셀 뒤샹의 작품 〈샘〉이 미술사에서 중요한 전환점으로 거듭났음을 수없이 떠올리면서, 느릿하게 성장하는 오페라마를 장장 15년이나 품어 온 덕이다.

클래식 뮤직비디오 제작에 무려 1억?

2012년, 나의 두 번째 디지털 싱글앨범 G.Rossini의 〈춤 ; La Danza〉는 국내 최초의 클래식 뮤직비디오이다. 작품의 제목 '라 단짜(La Danza)'는 우리말로 번역하면 '춤'으로 오페라 〈윌리엄 텔〉, 〈세비야의 이발사〉 등 세계 3대 벨칸토 작곡가로 알려진 조아키노 로시니(Gioacchino Antonio Rossini)의 타란텔라 무곡이다. 빠른 템포와 박진감 넘치는 리듬으로 바리톤 가수의 최고음인 솔(G)음을 반복적으로 재현했으며, 10명의 국내 정상급 무용수와 호흡을 맞추었다. 음악을 BGM으로 활용하는 한편 눈에 보이는 시각적 요소 및 다양한 효과를 활용하여 시청자들로 하여금 작품에 보다 쉽게 접근할 수 있도록 제작했다. 촬영 장소는 동양 최대 규모를 자랑하는 극장인 평화의 전당(4,500석)이었다.

뮤직비디오 제작이 손쉽고 재밌는 작업일 것이라는 착각으로부터 출발한 프로젝트였다. 실제 무대 공연에 비해 비교적 간단한 작업이 아닐까 생각했던 스스로의 오만함과 부족함을 통렬하게 느낀 작업으로, 처음 마주한 뮤직비디오 제작의 현실은 상상과 너무나도 달랐다. 아티스트 섭외부터 장소 대관, 소품 준비, 감독 섭외, 스텝 섭외, 촬영 운영비 재원 조달 등 다양한 부분을 고려해야 했고, 무엇보다도 제작 비용으로 인한 부담이 상당했다. 무명의 29세 예술가에게 기업 협찬이나 후원은 꿈만 같은 이야기였고, 가진 건 그 어디서도 뒤지지 않는 패기와 열정뿐이었다. 이 프로젝트를 진행하기 위해 대학 시절부터 아르바이트와 레슨, 연주로 5만 원씩, 10만 원씩 저축한 돈은 물론 살고 있던 집의 전세금까지 모아 넣어야 했다.

"뮤직비디오 제작에 1억이나?"

"그럴 만한 가치가 있어?"

"그거 찍으면 뭐가 달라져?"

그 당시 클래식 음악의 뮤직비디오 제작을 선언했을 때, 또다시 주변의 수많은 이들이 현대식 미디어가 온전히 담기 어려운 예술 작품이라며 반대 의견을 표명했다. '어떻게 고전 예술을 현대식 미디어 형식에 넣을 생각을 하느냐'는 의문은 물론 원작을 훼손할 수 있다는 우려까지, 아직 시작하지도 않은 일에 열을 올려 반대하는 목소리가 참 많았다.

오늘날에는 진일보한 기술을 활용하여 AI와의 협업 등 다양한 예술 시도가 늘어나고 있지만 〈La danza〉 작업 당시에는 신기술 활용에 대한 거부감이 강한 시절이었다. 온통 우려 섞인 이야기들 뿐이었다. 대부분 〈La danza〉를 통해 내가 가려는 방향과 새로이 도전하여 성취하고자 하는 가치에 대해 전혀 이해하지 못했고, 나는 별 의미없는 괴상한 작업에 목숨을 건 괴짜로 여겨질 따름이었다.

반대가 거셀수록 나는 더욱 더 불타오르는 사람이기에 뮤직비디오 제작을 향한 열정은 최고조에 달했다. 오죽하면 없던 사명감까지 생겨날 정도였다. 이제는 가족이나 지인들도 만류하고 나설 정도였지만 그러한 압박과 불확실성 속에서도 나는 흔들리지 않았다. 최초의 클래식 뮤직비디오 촬영은 내게 있어 마지막 순간까지 밀고 나가야 하는 배수진과도 같았다.

그렇게 어렵사리 시작된 뮤직비디오 촬영 당일. 촬영 개시 후 4시간, 8시간, 12시간, 심지어 20시간이 지났음에도 전혀 끝이 보이지 않았다.

클래식 공연은 무대 위에서 단 5~10분 동안 예술가의 예술성을 선보이는 시간 예술이다. 따라서 작품 준비만 홀로 철저히 해내면 이어지는 무대에서는 준비한 것을 내어 보이기만 하면 되는, 선형적(linear) 성격을 지닌다. 클래식 공연 무대에 익숙해져 있던 나는 한 두 시간이면 끝날 줄 알았던 뮤직비디오 작업이 감독의 최종 OK 사인이 나오기 전까지 계속된다는 사실에 적잖이 놀랐다.

감독의 끝없는 요청으로 어느 한 씬(scene)을 위해 장장 12시간 동안 녹화를 반복하다 보니 정신이 흐릿해졌다. 그간 갈고닦은 예술혼을 담아내기 위해 직접 투자를 감행한 뮤직비디오임에도 불구하고 촬영 20시간이 넘어가자 별의별 생각이 다 들기 시작했다.

'감독은 도대체 왜 OK를 안하는 거지..?'
'춥고 배고프다'
'힘들고 졸리다'
'도대체 언제 끝나는 거야. 이제 그만하고 싶다'

나름 강철체력이라는 자부심을 갖고 있었지만 더 이상 체력이나 정신력으로 버틸 수 없는 영역이었다.

이대로는 촬영중 정말로 잠들 것 같아 쉬는 시간을 갖자고 어렵게 요청했고, 약 30분간의 휴식을 얻어냈다. 지칠대로 지친 거구를 이끌고 나는 바닥에 아무렇게나 털썩 앉아버렸다.

'이제야 잠시 쉴 수 있겠구나'

그렇게 눈을 잠시 붙이려는데 난데없이 카메라 감독들이 바지를 벗기 시작했다. 깜짝 놀란 나는 감독들의 벌거벗은 하반신을 바라보며 혼란에 빠졌고, 오래지 않아 그 이유를 깨달았다. 나와 함께 촬영에 임하고 있는 이들 나와 마찬가지로 힘들고, 졸리고, 춥고, 배고팠던 것이다. 추운 계절, 거의 만 하루가 다 되어가는 촬영 작업. 당연스레 쏟아지는 졸음에 맞서 그들은 바지를 벗었다. 매서운 추위를 이용하여 자신을 집어삼킬 것 같은 졸음을 몰아내려는, 그야말로 필사의 결사항전이었던 것이다.

매서운 한파와 쏟아지는 졸음 속에서 한계를 극복하기 위해 바지를 벗는 감독과 스태프들. 그들의 헌신하는 모습과 자세에 일종의 경외감마저 들었다. 바닥에 널브러져 휴식을 취하는 나와는 달리 감독들과 스태프들은 예술 활동에 목숨을 걸다시피 한 모습이었던 것이다. 그들이 초인적인 의지로 작품에 헌신하기에 결국 이 모든 불편함과 괴로움이 의미 있는 예술 작품으로 다시 태어날 수 있는 것이라는 새삼스러운 자각이 들었다.

특별한 예술이 탄생하기 위해서는 일반적인 상식과 생명력을 뛰어넘는 정신력과 헌신, 어쩌면 투신마저 필요한 법이다. 역사를 장식한 위대한 작품들 중 어느 하나 이러한 방정식을 벗어난 작품이 없었다는 사실을 잘 알면서도 우리 예술인들은 이토록 간단한 명제를 자꾸 잊고 살아간다. 물리 세계를 지배하는 방정식이 바로 그 유명한 'F=ma'라면, 예술 세계를 지배하는 방정식은 바로 '예술성=정신력×헌신'이 아닐까.

그렇게 2012년 4월, 대한민국 최초의 클래식 뮤직비디오 〈La danza〉가 발매되었다. 이 앨범이 발매된 시점은 마침 세계를 강타한 대중가수 싸이의 〈강남스타일〉이 모든 차트 1위를 독식하던 시기였다. 그런데 아주 잠깐이지만 〈La danza〉 뮤직비디오가 멜론 차트 1위에 등극한 순간이 있었다. 클래식 음악이 멜론 차트 최상단에 오르는 것은 극히 이례적이었다. 대중문화와 경쟁하기 위해 제작한 뮤직비디오의 독특하고 기괴한 분위기가 당시 많은 이들의 호기심을 자극했다고 생각한다.

〈La danza〉 뮤직비디오를 통해 새로운 모습의 클래식을 접하고 난 후, 주변 사람들은 내가 어째서 그와 같은 전례없는 시도를 하고 새로운 형태의 작품 세계를 탄생시키기 위해 노력하는지 이해하기 시작했다. 힘겨운 한 걸음 한 걸음이었지만, 분명히 주위를 둘러싼 공기는 한 줌씩 달라지고 있었다.

〈La danza〉 뮤직비디오는 기존의 클래식 음악 팬뿐만 아니라 새로운 관객들도 끌어들여 실로 다양한 반응과 토론을 불러일으켰다. 좋은 말도 아픈 말도 내게는 그저 모두 감사할 일이었다. 좋은 말에서는 용기와 희망을 얻고, 아픈 말에서는 부족한 점에 대한 통찰과 앞으로 나아갈 방향에 대한 실마리를 얻었다. 새로운 팬들이 생긴 반면, 누군가는 안티-팬이 되었을지도 모른다. 하지만 분명한 사실은 '현대 대중'으로 분류되는 그들 불특정 다수가 모두 '클래식'이라는 주제에 뛰어들어 적극적으로 의견을 개진하고 반응을 보인다는 점이었으며, 그 자체가 내게는 가장 고무적인 일로 다가왔다. 새로운 도전을 통해 내 가슴에는 자긍심의 큰 씨앗이 심어졌고, 이는 더욱 크고 새로운 창작 의욕으로 이어졌다.

이후 나는 기존의 클래식 명곡을 연극과 결합한 공연을 꾸준히 선보였으며, 모차르트의 오페라 〈피가로의 결혼〉을 재해석하거나 슈베르트와 베토벤의 일화를 실제 곡과 결합하여 새로운 음악 작품 시도를 펼치기도 했다. 지금도 나는 예술의 경계를 넓혀가는 도전적인 작업들을 통해 새로운 예술적 지평을 열기 위해 노력을 아끼지 않고 있다. 다양한 형태의 예술을 통해 인류의 보편적 감정을 새로운 시대의 인상 속에 진하게 녹여내는 일. 그 모든 원동력은 그야말로 실험과 도전 그 자체였던 〈La danza〉 뮤직비디오 제작 경험으로부터 비롯되었다고 말할 수 있다.

새로운 콘텐츠를 기획하고 창작하여 인고의 시간 끝에 탄생한 작품을 무대에 올려 관객에 선보이는 첫 순간이면 도저히 형언할 수 없는 환희가 솟구친다. 이른바 'epiphany', 예술가로서 맛볼 수 있는 극한의 환희와 희열의 땅이 언뜻 보이는 것 같은 순간이다. 이때 늘 함께 스쳐가는 기억의 한 장면은 바로 그 추운 겨울날, 스스로 바지를 내려 졸음을 내쫓던 뮤직비디오 감독과 스태프들의 모습이다. 나는 결코 홀로 혹은 스스로 성장하지 않았다. 차창에 이마를 기대어 눈물을 흘리던 어머니, 혹한 속에서 바지를 내리고 작품에 헌신한 동료들이야말로 지금의 내 목소리를 견고하게 다져 준 일등공신들이다.

새삼스럽지만 예술의 본질은 고통이다. 그러나 나는 이를 극복하고 희열과 환희의 눈물을 흘리는 순간까지가 예술이 지닌 본질 전체라고 생각한다. 예술 활동을 통해 고통만을 느낀다면 다음 예술은 탄생하지 않는다. 오로지 환희와 극한의 지복이 주어지기에, 우리 예술인들은 창작과 제련 단계에서 겪은 고통을 이겨내고, 새로운 예술을 탄생시키기 위한 도전에 다시 한번 뛰어드는 것이다.

「이는 마치 극한의 산고를 동반하는 출산, 그리고 이어지는 새생명을 맞이하는 기쁨과도 같다.」 예술인에게 이 일련의 창조 과정이 반복될수록 예술적인 성장은 물론, 스스로의 한계를 극복해 낼 정신력도 단련된다. 그리하여 무대 위에서의, 캔버스 위에서의, 악기 위에서의 목소리는 더욱 강렬해지고, 더욱 다채로워지며, 더욱 감동적으로 거듭날 수 있는 것이라고, 나는 믿어 의심치 않는다.

예술 상인으로 거듭나다

대한민국 사회에서 영업직이라는 직업군은 대개 부정적인 인식을 동반하는 것이 현실이다. 영업직을 바라보는 나의 시각이 완전하게 달라진 것은 바로 오페라마 예술경영연구소를 설립하면서부터였다.

예술, 경영을 영위해 나감에 있어 가장 어려운 일은 바로 영업이라고, 나는 한 치의 주저함도 없이 단언할 수 있다. 분야를 막론하고 영업은 어디에서나 실로 위대한 직종이자 직군이다.

오페라마 예술경영연구소는 설립 낭시 독립된 사무실이나 싱주하는 직원 없이 1인 기업으로 운영되었다.

지금이야 공유 오피스나 비상주 사무실 등이 보편화되었지만 그 시절만 해도 영세 규모의 사업이란 월세가 최대한 저렴한 공간을 찾아 계약하는 것으로부터 시작되곤 했다. 지인을 통해 어렵게 얻은 월세 50만 원의 5평 남짓한 사무실을 구했다. 반지하 골방이나 다름없는 사무실. 나의 첫 예술경영연구소였다. 초라하고 퀴퀴하지만 나만의 꿈과 이상, 작품들을 마음껏 펼칠 수 있는 공간이었다. 불안한 마음 반, 설레는 마음 반을 안고 나는 오페라마의 가장 희미한 스케치를 그려나가기 시작했다.

오페라마 예술경영연구소는 오페라마 공연 콘텐츠를 기획·제작하여 무대에 올리는 것을 주 수익원으로 삼고, 부수익원으로는 기업·기관의 후원, 협찬 등을 유치하여 운영의 기틀을 다져나갈 계획이었다. 경영학 박사 과정에서 회계, 마케팅, 재무 등을 공부해왔지만 처음으로 사업체를 운영해보니 나는 평생 이쁘장하게 성악만 해온 예술가에 불과했다. '경영이란, 돈을 버는 것'이라는 이론은 알고 있지만, 막상 현실에 던져지니 무엇부터 시작해야 할 지 도무지 갈피도 잡히지 않고 쉽사리 발을 뗄 엄두도 나지 않았다. 그러나 천금 같은 시간을 지체하면서 낭비할 수는 없었다. 월세는 계속해서 통장에서 삭제되었고, 연구소의 설립 초기 비용도 만만치 않았기 때문이다.

더 이상 선택지가 없었던 나는 스스로 영업 사원을 자처했다. 그간 쌓아 온 프로필, 공연 약력 및 프로그램 소개가 담긴 제안서를 최대한 매력적으로 보일 수 있도록 기획하기 시작했다. 또한 오페라마 콘텐츠를 필요로 할 법한 기업들을 전수 조사해야 했으며, 사회 현안이 무엇인지, 이 공연이 어째서 필요한지, 그로부터 어떤 가치를 얻을 수 있는지 등을 밤새워 고민하고 또 고민했다.

어렵게 어렵게 제안서 준비를 마치고 나면 나는 어김없이 기업들에 찾아가 정중하고도 경쾌하게 '똑똑똑!' 문을 두드려야 했다.

기업 A.

"똑똑똑, 계신가요?"

"네. 누구세요?"

"안녕하십니까. 저는 오페라마 예술경영연구소 소장 정 경이라고 합니다. 저희가 보유한 오페라마 콘텐츠가 귀사의 미래에 보탬이 될 공연임을 ……."

"죄송합니다. 바빠서요."

"너무 바쁘시겠지만, 한 번 이야기 들어보시면……."

"안녕히 가세요."

기업 B.

"똑똑똑, 안녕하세요?
오페라마 예술경영연구소 소장 정 경입니다. 잠시 시간 괜찮으실까요?"

"네 말씀하세요."

"귀사에 적합한 공연을 소개하고자 이렇게 찾아뵈었습니다."

"정 경이라는 예술가는 처음 들어봅니다만.. 저희는 인지도 있는 아티스트에게만 협찬하고 있어서요. 죄송합니다."

기업 C.

"똑똑똑. 안녕하세요? 잠시 시간내주실 수 있을까요?"

"네. 지난 번 전달해 주신 제안서 잘 살펴보았습니다. 좋은 공연을 기획하셨더라고요."

"감사합니다. 저희 공연을 선택하시면 후회하지 않으실 겁니다."

"첫 거래이고, 이 오페라마 공연이라는 콘텐츠는 대중에게 전혀 알려진 공연이 아니니 우선 무료 공연으로 진행해주실 수 있으실까요?"

"……."

"공연을 무대에 올릴 수 있는 좋은 기회일 수도 있지 않을까요? 쉽게 오는 기회는 아닙니다. 한번 잘 생각해 보시고 연락주세요."

영업 사원의 길은 결코 쉽지 않다. 더군다나 영업 초짜가 수요가 없는 기초예술을 판매하려니 그야말로 장발장의 역경을 뛰어넘는 굴욕과 좌절의 연속이었다. 삼고초려? 내게는 팔고초려와 십삼고초려조차 충분하지 않은 경우도 허다했다. 수도 없이 출근도장을 찍고 반가운 연락을 받으면 그때부터는 공연을 성사시키기 위해 술상무를 자처해야 했다. 그 끝자락에서 결국 무료 공연을 요청하는 경우도 셀 수 없을 정도였다. 소위 '현타'가 찾아와 밤하늘을 올려다 본 순간이 얼마나 많았는지, 마주하던 별빛들에 일일이 이름을 붙였을 정도였다. 또 주변의 소리가 들려오기 시작했다.

"굳이 왜 이렇게까지 해야해?"

"안정적인 중고등학교 음악 선생님이나 레슨 위주로 활동하는 게 어때?"

"합창단 같은 곳은 정년도 보장되고…"

음악 생태계는 크게 교육자와 연주자로 양분되어 있다. 교육자는 예술가가 지금껏 배우고 습득한 예술 기술을 가르치고 식견을 함양하는 역할로 대개 대학교수와 개인 교습 교육자로 나뉜다. 연주자의 경우 주로 예술가가 소속된 단체를 통하여 분류되는데 국공립 교향악단 소속, 그리고 개인 혹은 단체가 설립한 민간 연주단체로 나뉜다. 안정된 수입원이 보장된 채 제약된 범위 내에서의 예술 활동을 영위하는가, 혹은 다소 수입은 불안정하지만 독립적이고 유연한 체계 속에서 예술 활동을 영위하는가의 선택이기도 하다. 그리고 현실적으로 예술계는 어느 하나의 길만을 선택해 외골수처럼 뚫고 나가기 어려운 환경이다. 연주와 레슨을 병행하거나 때로는 여러 가지 일을 겸업하는 경우도 많다.

뚜렷한 길의 기준이 없고 예술과 생존의 문제가 혼재하는 가운데 가까스로 생태계가 유지되는, 기형적이면서도 살얼음판같은 구조인 것이다. 그렇다면 경영학적 관점에서 예술은 대체 어떤 길을 택해야 '자립'할 수 있는 것일까? 즉 예술로 먹고 살 수 있는 길은 대체 무엇일까?

우선 교육자로서의 예술가들을 살펴보면 교수는 학교에서 급여를 받으며 학생을 가르치고, 개인 레슨은 수강생을 통해 생계를 유지한다. 예전에는 개인 레슨 대부분이 지인 소개로 연결되는 경우가 많았지만 요즘은 개인의 특기를 무작위 대중 수요에 어필할 수 있는 크몽, 숨고 등과 같은 플랫폼을 적극적으로 활용하는 추세다.

한편, 연주자로서의 예술인들이 택할 수 있는 길 중에서는 국공립 교향악단과 합창단만이 유일하게 준공무원의 자격을 부여한다. 반면 민간 연주 단체의 경우 국가 지원 사업에 의존하는 경우가 많은데, 이러한 지원 정책은 대부분의 경우 단발성 공연을 대상으로 하기 때문에 지속적인 활동을 보장하지는 않는다. 이마저도 수면 아래에서 오가는 '아는 사람, 친한 사람 밀어주기'로 인해 대부분의 예술 단체는 체계적인 지원을 받지 못하는 경우도 많다. 안타깝지만 이게 바로 현재 대한민국 예술계, 특히 음악계의 삭막한 현실이다.

내가 오페라마를 시작한 동기가 바로 여기에 있다. 예술 지원 체계 정비 방안에 대해 전문가들이 오랫동안 논의해오고 있지만 그저 한정된 자원을 어떻게 배분할 것인가에 대한 논의가 대부분이다. 정작 가장 근본적인 해결책인 예술계의 '자립'을 어떻게 이룩할 것인가에 대한 논의는 턱없이 부족한 실정이다.

이러한 현실을 바라보면서, 나는 예술로도 자립이 가능하다는 것을 몸소 증명해내고 싶었다. 수없는 기획 제안서를 만들고, 검색 가능한 모든 기업들에 찾아가 문을 두드린 이유도 여기에 있었다.

예술 상품이 판매될 수 있음을 직접 입증하고 싶었다.

각오나 다짐에도 불구하고 그 과정은 결코 쉽지 않았다. 몇 번이나 좌절하고 무너질 것 같은 순간들이 있었다. 어느 순간부터는 거절당하는 상처를 극복하고자 하는 의지조차 사라졌고, 그때부터는 문자 그대로 그냥 문을 두들겼다. 정말 아무 생각도 하지 않고 기계적으로 그냥 눈에 보이는 모든 문을 하나하나 두들겼다.

나 스스로도 '그저 무대에 오르기 위해 정말 이렇게까지 해야 하는 것인가?' 하는 생각이 들기 시작했다. 하루가 멀다 하고 큰 무대에 오르는 동년배 동료들의 소식을 접할 때마다 나 자신이 낙오자가 된 것만 같았다. 투지와 패기 하나로 발버둥쳤지만 결국은 실패하고 만 인생처럼 느껴지는 고통스런 나날이었다. 그럼에도 내게는 어릴 적부터 갈고 닦아 체득하고 내재화시킨 친구들이 있었으니, 그 이름도 듬직한 '오기'와 '의지'였다. 내 안의 죽마고우이자 철천지 원수 같은 그 녀석들은 정 경이 쉽게 무너지도록 놔두지 않았다. 이를 갈 대로 갈게 만든 다음, 어금니가 다 갈려 사라져 갈 무렵 기회를 하나 던져준 것이다.

별안간 울리던 전화벨 소리. 제안서를 전달했던 한 대기업의 대리였다. 나는 씩씩한 목소리로 전화를 받았다.

"안녕하십니까, 대리님! 그동안 잘 지내셨습니까!"

"안녕하세요. 정 경 선생님. 저번에 주셨던 제안서를 상부에 보고 했는데 이와 관련해 말씀나누고자 전화드렸습니다."

"네. 혹시 긍정적인 검토가 이루어진 건지요!"

"마침 내년 초 예산 확보가 가능해져서, 신년음악회로 기획해 볼 수 있을 것 같습니다. 상부에 보고를 올렸더니 처음 보는 아티스트라고 다들 갸우뚱 하셨는데, 결론적으로 이번에 정 경 선생님의 콘텐츠를 믿어보기로 했어요."

"저희가 준비한 공연을 보고 나시면 오페라마를 선택하신 일을 후회하지 않으실 거라 약속드립니다. 귀사 분위기에 맞는 맞춤형 공연이 될 수 있도록 열심히 준비하겠습니다."

"그럼 아무쪼록 잘 부탁 드립니다."

"최선을 다하겠습니다. 감사합니다."

나의 첫 공연 계약이었다. 단순히 첫 계약이 성사되었다는 사실을 넘어 그간 음악계가 뚫지 못했던 시장의 한계를 스스로 돌파해냈다는 자각에 이루 말로 표현할 수 없는 감동이 밀려왔다. 첫 고비를 넘은 순간, 나만의 새로운 철학과 신념, 그리고 예술상인으로서의 협상 기준점이 세워진 것이다.

여지껏 공연계에서만 떠돌던 예술 작품이 기업들이 주 고객인 시장에서 상품성을 가질 수 있다는 사실에 무한한 가능성을 느꼈다.

나는 그야말로 영혼의 바닥까지 긁어모아 탈탈 쏟아부어가며 공연을 제작했다. 기획, 연출, 노래, 사회까지 홀로 모든 역할을 맡아 진행했다. 기업을 상대로 판매하는 무대에 오를 기회가 처음으로 주어졌는데 1인 5역쯤이야 끓다 못해 폭발하는 열정으로 충분히 감당하고도 남았다. 결국 공연은 성황리에 마무리되었다. 나의 첫 계약을 장식해 준 그 기업은 이후 오페라마의 주요 고객이 되었으며, 현재까지도 매년 오페라마 공연을 유치하며 우리는 더할나위 없이 좋은 관계를 유지하고 있다.

| 돈 없이 어떻게
일을 하려는 거죠?

오케스트라 협연 공연 일정으로 제주도에 방문한 적이 있다. 공연 전 극장 근처에 있는 제주 해녀 박물관을 관람하게 되었는데 그곳에서 처음으로 일제 강점기 당시 제주 해녀들이 무려 250~300여 회에 걸쳐 일본 군국주의에 대한 투쟁을 벌인 사실을 알게 되었다. 그때까지만 해도 나는 제주 해녀가 단순히 해산물을 채취하여 생계를 이어가는 여성들이라고만 생각하고 있었다.

박물관에서의 새로운 역사적 사실을 접한 뒤, 그들의 투쟁이 숭고한 애국심의 발로였다는 점을 뛰어넘어 과연 어디에서 어떻게 비롯된 마음이었을지에 대해 진지한 의문과 경외심을 품게 되었다.

일제 강점기, 우리 권력과 남성들이 해내지 못한 역할을 여성만으로 이루어진 해녀들이 주도했다는 사실은 실로 충격적이었다. 목숨을 걸고 가계의 생계를 책임지기 위해 한 치 앞을 알 수 없는 파고 속으로 뛰어든 그녀들. 해녀는 단순히 직업이나 생업의 개념을 넘어 숭고하고 아름다운 형태의 투쟁을 통해 자립과 생존을 이룩해 낸, 우리 민족의 본질과 저력을 상징하는 존재라는 생각이 들었다.

박물관 견학 이후 관심이 생겨 이것저것 후속 조사를 해 보니 제주특별자치도에서는 제주 해녀 문화를 유네스코 인류무형문화유산으로 등재하기 위해 오랜 세월 공을 들이고 있었다. 심지어 제주 해녀와 일본 해녀(아마)가 유네스코 무형문화유산 등재를 놓고 서로 경쟁하고 있는 사실을 알게 되었다.

일본 해녀인 아마는 일본 정부의 적극적인 지원 아래 유네스코에 선제적으로 등재하려는 공격적인 움직임을 취하고 있었다. 과거 일본은 제주 해녀가 자신들의 원류임을 인정해왔음에도 어느 순간 돌변, 아마의 고유적 독자성을 주장하며 문화유산 등재를 추진하고 있었다. 아마가 활동하는 8개 현은 물론 일본 중앙정부까지 발 벗고 나서서 지원을 아끼지 않았다. 반면 우리나라의 경우, 일본에 비해 지원이나 홍보가 현저히 부족하다보니 정책적으로도 여론전에서도 이렇다 할 성과를 내지 못하고 있는 상황이었다.

제주도 출신은 아니지만 나는 예술가로서 제주 해녀문화가 그 가치를 인정받고 세계에 알려질 수 있도록 힘을 보태고 싶었다. 결국 내가 할 수 있는 일, 내가 가장 잘 하는 일을 무기 삼아야 했다. 해녀를 주제로 삼은 노래를 제작하여 전국은 물론 세계 무대에서 소개하기로 결심한 것이다. 나는 직접 작사 작업을 맡아 '속곳'이나 '숨비소리'와 같은 해녀들의 고유어를 활용하여 해녀들의 숨결을 가사에 녹여내려 애썼다. 이와 동시에 유능한 작곡가 Adas Aldo를 찾아가 작곡을 요청했다. 앨범 이름은 광활한 바다에 매일 몸을 던지는 해녀의 삶을 표현하고자 〈바다를 담은 소녀〉로 정했다. 앨범은 수중 사진작가이자 해녀 사진만을 전문으로 찍는 Y-jin 작가의 사진과 함께 발매되었다.

이 프로젝트를 통해 나는 처음으로 기존 장르나 공연 예술작품에 매몰된 가치를 초월하여, 소중한 우리 문화를 지키고 발전시키려는 노력과 열망이 어떻게 예술 작품에 담길 수 있는지를 몸소 깨달았다. 예술적 노력을 통해 제주 해녀문화를 새롭게 조명하고 세계에 알림으로써 지역사회 발전과 국가적인 정체성 확립에 기여할 수 있다는 사실 자체가 실로 가슴벅찼다.

나는 당시 제주도지사님에게 미팅을 요청했고, 승낙을 받자마자 한달음에 제주도청으로 달려갔다.

"제주 해녀로 콘텐츠를 만들어 유네스코 등재에 조금이라도 도움이 되고 싶습니다."

도지사님은 실로 의미있는 작업이라며 나의 포부에 응원과 격려를 아끼지 않았다.

좋은 분위기 속에서 이야기를 성공적으로 마치고 나오는 길, 한 직원이 내게 다가왔다.

"정 경 성악가님, 잠시 괜찮으실까요?"

"아! 오늘 덕분에 미팅이 정말 성공적이었습니다. 진심으로 감사드립니다. 저희가 유네스코 무형문화유산에 등재되는데 조금이라도 보탬이 되었으면 합니다."

"그런데 혹시... 어느 정도의 예산 지원을 생각하고 계시는지요?"

"네? 그게 무슨 말씀이신지..."

"제주와는 아무 연관 없는 육지 분이시잖아요. 그게(예산 지원 요청) 아니라면 왜 제주 해녀에 관심을 가지실까요?"

"......"

잠시 머릿속이 멍해졌지만 이내 정신을 차리고 대화를 이어갔다.

"저 OOO(직책)님. 예산 지원 등 아무 도움 주지 않으셔도 괜찮습니다. 애초에 그런 걸 요청드리러 온 거였다면 아까 도지사님 계신 자리에서 넌지시라도 그 뜻을 내비쳤을 겁니다. 프로젝트 진행에 필요한 비용은 전액 저희 쪽에서 조달할 생각이었으며 제주도에 지원을 받으러 온 건 아닙니다.

단지 저희가 하고자 하는 일이 해녀분들의 고향이자 모태가 되는 현지의 지지와 응원을 받을 수 있다는 걸 확인하고자 온 거니까요."

"정말로 저희 지원 없이 프로젝트를 진행하시겠다고요?"

"네. 제주 해녀를 주제로 삼는 콘텐츠이기에 당연히 제주도에 승인을 받아야 한다고 생각해서 직접 보고하고 상의 나누러 온 것 뿐입니다."

"정말 이해가 안 가네요. 금전적인 지원 없이 어떻게 일을 하려는 거죠?"

"애초에 음악을 통해 제주의 아름다움과 역사를 세계에 알리고 싶어서 시작한 프로젝트였습니다. 지원을 해주신다면야 물론 감사히 받겠지만 그걸 위해 찾아온 건 전혀 아닙니다. 예술인은 대개 괴짜인데, 저는 그중에서도 가장 괴짜인 축이라서요. 저는 혹여라도 제주 측에서 저희가 순수하게 예술을 추구하려는 노력에 반대하시거나 비협조적인 상황이라도 발생하지 않도록 미리 확인차 방문드린 겁니다."

"이게 정말 가능한 일인가 싶고 의문이 드네요. 지원과 협조가 분명 필요할 것 같았는데 말이죠."

"염려와 조언 감사합니다. 그럼 다음 기회에 좋은 소식으로 뵙겠습니다."

또다시 주변 음악계에서 웅성거림이 들려온다. 이젠 아주 지긋지긋한 연례 행사다.

"클래식 성악 전공자가 창작곡을 만든다고?"

"제주 해녀로 곡을 만들고 공연하는 게 도대체 유네스코 등재와 어떤 개연성이 있어?"

"너무 무리수 두는 것 아니야? 그러다가 (외교나 정치로) 문제라도 생기면 어떻게 하려고?"

당시만 해도 클래식과 대중음악을 퓨전한 형태의 크로스오버 곡이 대중적인 관심을 받기 전이었으며, 새로운 시도에 대해 보수적인 분위기가 팽배했다. 프로젝트 하나를 진행하는데도 맞닥뜨린 수많은 '프레임'들. 지역 출신이어야 한다는 [지연 프레임], 기초예술 전공자는 기초예술의 틀에서 벗어나면 안 된다는 [학연 및 업계 프레임].

나는 내가 진행하는 공연, 방송에 제주 해녀 노래를 소개하는 것으로 해녀 프로젝트의 포문을 열었다. 예상했던 대로 반응은 신속하고, 또 강력했다. 주요 언론사들도 해녀 프로젝트에 주목하기 시작했고 온갖 연락이 빗발쳤다. 그중에서도 MBC에서는 단독으로 다큐멘터리를 제작해 해녀 이야기를 소개하고 싶다는 연락을 받았다. 이처럼 폭발적인 관심 속에서 나는 제주 해녀 작품을 이미 예정되어 있던 뉴욕 메트로폴리탄과 카네기홀 공연에서 무대에 선보일 기회까지 얻었다.

그렇게 나는 [해녀]라는 이름을 걸고, 대한민국 일개 예술인으로서 할 수 있는 모든 일, 그리고 할 수 있을지도 모른다 상상했던 모든 일을 남김없이 실행과 실천으로 옮겼다.

진인사대천명이라 했던가. 그야말로 기적보다 더욱 기적같은, 거짓말보다 더욱 거짓말같은 일이 일어났다.

2016년 11월 30일, 제주 해녀의 유네스코 무형문화유산 등재가 확정되었다.

〈제주 해녀〉는, 그리고 〈바다를 담은 소녀〉는 내게 있어 장장 3년에 걸쳐 노래하고 혼을 담아 낸 장기 프로젝트였다. 우연히 들른 박물관에서 제주 해녀의 강인함과 아름다움에 감명을 받아 이를 보존하고 널리 알리기 위해 시작한 여정. 그 여정은 상상조차 하지 못했던 미국 뉴욕 카네기홀 독창회, 미국 순회 리사이틀, 텍사스 주 공연을 거치고 돌아과 서울에서까지 다시 무대에 올랐다. 아직도 나는 그 클라이맥스를 장식한, 제주 해녀를 연기한 무용수 이은선 교수님과의 미국 뉴욕 카네기홀 공연을 잊을 수가 없다.

해녀 프로젝트를 진행하면서 마주한 거대한 벽은 바로 고르고의 세 자매에 비견될 법한 '지역', '틀', '성별'이라는 세 가지 거대한 편견이었다. 이를 극복할 수 있었던 것은 어떤 정책도, 철학도, 이데올로기도 아닌, 오로지 순수한 예술의 힘이었다. 돌아보건대 이 여정은 결말까지 완벽한 한편의 그리스 신화 속 연대기처럼 아름다웠다.

> 정 경 선생,
> 당신 지금 뭐하는 거요?

　　매년 6월 6일, 국립서울현충원에서는 큰 행사가 열린다. 바로 현충일 추념식이다. 대통령을 포함한 3부요인, 유력 정치인, 주요 국가 기관 관련자들이 참석하는 우리나라의 대표적인 국가행사이다. 나는 제 60회 현충일 중앙 추념식을 맞아 2015년 6월 6일, 애국가를 제창해달라는 연락을 받게 되었다. 국악과 대표 1명, 성악과 대표 1명 중의 한 명으로 선정되어 애국가를 제창하는 영광을 얻게 된 것이다. 이 소식은 내게 엄청난 기쁨과 동시에 거대한 책임감과 부담감을 안겨주었다. 행사 담당자는 내게 전화로 향후 준비 및 진행 과정을 설명해 주었다.

　　"우선 대한민국 대표 성악가로 뽑힌 것 축하드립니다."

　　"좋은 기회를 주셔서 감사합니다. 중요한 자리인 만큼 제가 더 잘 준비하겠습니다."

　　"평소 추념식에서는 연주자분들이 애국가만 제창하셨습니다만 이번 행사의 경우 추가적으로 한 곡을 더 부탁드릴 예정입니다. 현재 이번 제 60회 기념 추념식에 걸맞을 창작곡을 제작하는 과정에 있습니다. 미리 결정된 작품 제목은 〈충혼가, 영웅의 노래〉입니다."

　　"알겠습니다. 미리 악보 전달해 주시면 충분히 연습하겠습니다."

"아, 아직 작곡 중에 있다보니 지금 전달드릴 수 있는 악보가 없네요. 작곡이 완료 되는 대로 바로 전달드리겠습니다."

"네, 꼭 부탁드리겠습니다. 감사합니다!"

추념식이 불과 한 달 정도밖에 남지 않은 시점에서 아직도 작곡이 진행 중…? 담당자의 말에 불안감이 엄습했지만 어차피 내게 결정권이 있는 것도 아니니 일단은 약속받은 악보를 기다리기로 했다. 그런데, 마지막 통화로부터 5일이 지나고, 10일이 지나도 악보가 도착하지 않았다. 처음 선보이는 창작곡인 까닭에 익숙하지 않은 멜로디와 박자로 구성되어 있을 것이고, 심지어 국악과 함께하는 곡이었기 때문에 악보를 익히기 위해 더욱 많은 시간과 노력이 필요했다.

나는 담당자에게 초조한 마음을 드러내며 악보 전달을 요청했다. 이후 공연을 불과 2주 정도 남긴 시점, 겨우 악보를 전달받을 수 있었다. 악보를 검토해보니 지나칠 정도로 시간이 촉박했다.

새로운 곡 연습을 위해 우선 모든 스케줄을 비우고 전력을 다해 연습에 전념했다. 그런데 또 다른 문제가 있었다. 담당자가 내게 어떤 리허설 일정도 고지해주지 않았던 것이다. 연습 일정 및 정식 리허설 일정은 섭외 요청 때 함께 고지하는 게 일반적인데 추념식 행사 진행 과정에서는 이 부분이 누락되어 있었다. 더 이상 지체하면 안 될 것 같아 어렵사리 담당자에게 연락을 취했다.

"안녕하세요. 혹시 추념식 리허설 일정이 잡혔을까요?"

"교수님, 노래 잘 하시잖아요. 공연 전날 한 번만 맞춰보는 것으로 하시죠."

"네? 제가 지금 대학 수업에서도 학생들을 무대에 올리기 전에 리허설만 30회 이상 진행하고 무대에 올리는데, 이렇게 중요한 주요 국가 행사에서 이게 가능한 일입니까?"

"괜찮습니다. 워낙 잘 하시는 분인 걸 알고 섭외 요청을 드린 거니까요. 리허설은 추념식 전날 한 번으로 결정 되었고요, 6월 5일 현충원에 오셔서 리허설에 참여하시면 됩니다."

놀라움과 불안감이 교차했다. 어딘가 석연치 않았다. 그토록 특별하고 중요한 자리임을 감안할 때 과연 단 한 번의 리허설이 충분한 것인가, 또한 절차적으로 가당키나 한 허술함인가에 대한 의문이 나를 강하게 뒤흔들었다. 수천 수백 차례 연주한 경험이 있는 클래식 곡의 경우 한두 차례의 리허설 끝에 무대에 오르는 경우도 있지만 이번 무대는 갓 창작한 신곡의 초연 무대였다. 아무리 주최 측의 요청대로 움직이는 거라지만 찜찜한 마음을 지울 수 없었다.

드디어 맞이한 리허설 당일. 나는 일찌감치 리허설 장소인 현충원에 도착했다. 국방부 성악병, 스칼라 합창단, 아카데미 소녀합창단의 연합 연주와 합창으로 연습이 진행되고 있었다. 협연 무대의 경우, 지휘자와 오케스트라, 솔리스트가 함께 호흡을 맞추는 과정이 중요하다. 리허설을 한 번만 하고 본 무대에 오르는 것은 실로 아쉬웠지만 어쩔 수 없는 상황이니 최선을 다하리라 다짐했다.

내 리허설 차례가 찾아왔고 나는 그제야 비로소 처음으로 오케스트라, 합창과 함께 창작곡 연주의 호흡을 맞추어 볼 수 있었다. 〈충혼가, 영웅의 노래〉를 한 번 맞춰본 후, 나는 저 멀리 서 계신 지휘자 선생님을 향해 정중히 요청을 드렸다.

"지휘자님, 34마디와 35마디의 숨 쉬는 표시 부분을 가능하시다면 지휘자님께서 한 번 체크해 주시면 감사하겠습니다!"

그런데 지휘자 선생님의 표정이 이상했다.
그분은 냉랭한 표정으로 전혀 예상치 못한 답변을 던지셨다.

"그냥 이대로 가겠습니다."

나는 당혹감에 휩싸였다. 얼굴마저 벌겋게 달아올랐다. 이건 나를 무시하는 행동이었다. 좋은 공연을 만들기 위해 솔리스트가 의견을 내는 것은 당연한 일이다. 더군다나 솔리스트의 무대에서는 그 누구도 솔리스트의 의견을 무시해서는 안 된다. 노련한 지휘자 선생님이 그걸 모르실 리가 없었다. 순간 나는 무언가 이상함을 느꼈다. 리허설이 끝나자마자 나는 박카스 한 박스를 사들고 지휘자 선생님이 계신 방으로 찾아갔다.

(똑똑똑) "지휘자님 안에 계실까요?"

"네 들어오세요."

"오늘 처음 만나뵈어 인사드리고자 들렀습니다."

"정 경 선생, 당신 지금 뭐 하는 거요?"

"네? 그게 무슨 말씀이신지.."

"우리나라를 대표하는 성악가 조수미, 고성현, 박미자 교수님들도 이렇게 중요한 국가 행사 리허설에는 절대 빠지지 않고 모두 참석합니다. 지금까지 리허설에 단 한 번도 참여하지 않고, 갑자기 공연 전날 나타나 제멋대로 호흡하는 곳을 바꾸고, 맞춰달라는 것이 맞는 거요? 그건 서로에 대한 예의가 아니지 않습니까?"

지휘자님의 이야기를 듣는 순간 발끝에서 머리꼭대기까지 전류와 비슷한 무언가가 타고 올라갔다. 당시의 나는 무명 예술가를 갓 벗어나 조금씩 대중에게 알려지며 성악가로서의 인지도를 쌓아가던 시기였다. 행동거지나 동종업계 선후배 관계에 있어 할 수 있는 한 최대한의 상식과 예절을 지키기 위해 조심 또 조심하던 시절이었다. 이제 갓 기지개를 켜기 시작한 신인 성악가 정 경을 궁지로 몰아넣으려는 누군가가 존재한다는 사실을, 나는 바보같이 그제서야 깨달았다. 지휘자님의 격분에 대해 나는 아무 변명도 하고 싶지 않았다. 그리고 다음과 같이 대답했다.

"죄송합니다, 지휘자님. 제가 다른 일정이 있어서 그간 리허설에 참석하지 못했습니다."

"아무리 바빠도 그렇지 이렇게 중요한 국가 행사 리허설에 안 오는 게 말이나 됩니까? 더 이상 정 경 선생과 나눌 이야기는 없습니다. 공연 전날 와서 이것저것 맞춰달라거나 바꿔달라는 말은 안 했으면 좋겠네요."

"죄송합니다, 지휘자님."

"그럼 나가보세요."

전말은 이러했다. 사실 악보도 미리 나와 있었다. 합동 연습과 리허설도 여러 차례 이루어지고 있었다. 그저 나만 모르고 있었던 것이다. 누군가 국가 주요 행사 무대를 망쳐 나를 주류 음악계에서, 나아가 예술계에서 매장하고 싶었던 것일까? 이를 달성하지 못한다고 해도 이러한 과정을 통해 적어도 나를 음악계에서 안하무인 인성 쓰레기로 만들어버릴 수 있었다. 집에 돌아와 잠을 청하려 누운지 4시간 째. 화가 치밀어올라 잠을 이룰 수 없었다. 한참을 뒤척이는데 한편으로 드는 생각이 있었다.

'나를 모함하고 매장하려는 자가 누군지는 모르겠지만.. 그가 가장 원하는 것은 내일 행사에서 내가 노래를 틀리거나 제대로 해내지 못하는 장면일 것이다. 내일 무대에서, 그 누구보다 잘해내자.'

2015년 6월 6일 국립현충원 무대. 나는 성공적으로 무대를 마쳤다. 공연이 끝난 후, 대통령과 정치인들은 내게 직접 다가와 진심 어린 악수를 청하였고 격려의 말 또한 건네주었다. 예술계는 좁고, 모든 비밀은 공공연하다. 마음만 먹으면야 누가 그 배후에서 사주한 것인지 알아내는 것도 어렵지 않겠지만 별로 알고 싶지 않았다. 혹여라도 그가 내가 아는 주변 사람일까 두려운 마음이 더욱 컸으므로.

그날의 경험을 통해 나는 스스로의 한계를 뛰어넘어 꿈을 이루는 성취감은 물론 스스로에 대한 자부심을 한층 더 다질 수 있었다.

현충일 추념식에서의 성공적인 무대 이후, 내 이름은 더욱 더 알려지게 되었고, 한 발 더 나아가 8.15 광복절과 3.1절 국가 행사에도 무대에 오르는 영광스런 기회를 얻게 되었다. 절체절명의 위기가 오히려 기회로 거듭나는 순간이었다.

지금은 이 모든 사건을 웃으면서 이야기할 수 있지만 그 당시만 해도 인터뷰를 원하던 몇몇 언론사에 이와 같은 일화를 얘기해주면서 너무 위험한 스토리이기 때문에 오픈하지 않는 편이 좋겠다고 이야기했던 기억이 난다. 이외에 몇몇 가장 밀접한 지인을 제외하고 이 이야기를 알고 있는 사람은 아무도 없다. 이 책을 읽는 독자들에게 최초로 공개하는 것이다.

아직도 당시 지휘자님은 내가 아무런 고지를 받지 못해 참석할 수 없었다는 사실을 모르고 계실 것이다. 이 지면을 통해 나는 뒤늦게나마 그날의 일에 대해 고백하고 싶다. 이는 다소의 역할과 무대 차이는 있을지언정 나뿐 아닌 현실을 살아가는 누구에게나 일어날 수 있는 사회적 갈등과 그로 인한 역경, 그리고 극복에 대한 이야기이기 때문이다.

하마터면 파멸로 이어질 뻔했던 그날의 무대는 결과적으로 내게 전환점을 만들어 주었다. 그날의 경험은 나로 하여금 어떤 상황에도 대비하고 예상할 수 있는 시야와 통찰력을 심어주었으며, 이를 통해 나는 더욱 견고해질 수 있었다. 또한 이를 바탕으로 이제는 더 이상 새로운 도전에 이전만큼의 두려움을 느끼지 않을 수 있게 되었으며, 복잡한 생각보다는 희망을 연료삼아 내일을 향해 전진할 수 있게 되었다.

안녕하세요,
정 경입니다

"안녕하세요. 정 경 입니다."

"성악가 톤이 느끼합니다. 목소리를 좀 더 지상파 진행자처럼 내 주세요. 다시 한번 해보시겠어요?"

"안녕하세요. 정 경입니다."

"'안녕하세요' 부분만 다시 해주세요. 톤이 너무 낮아서, 지금보단 좀 더 높여서 부탁드려요."

"안녕하세요."

"지금은 또 너무 높아요. 방송용 목소리로 가야 해요. 다시 해보세요."

"죄송합니다. 다시 해보겠습니다. 안녕하세요."

"다시!"

"죄송합니다. 안녕하세요. 정 경입니다."

대한민국에는 공영방송이 존재한다. 대중에게 공정하고 다양한 정보를 제공하기 위해 정부가 직접 운영, 지원하는 방송이다. 교육, 문화, 뉴스 등 다양한 프로그램을 제작하는 대표적인 공영방송사로는 대한민국 방송공사(KBS), 한국 문화방송공사(MBC), 한국교육방송공사(EBS) 등이 있다. 그 중 한국교육방송공사(EBS)는 다양한 교육 콘텐츠를 제공하는 공영방송으로, 어린이 프로그램부터 고등학교 및 대학 수준의 교육 프로그램까지 다양한 분야에서 방송을 진행하고 있다.

먼 옛날 다산 정약용 선생님이 교육에 대해 강조하셨듯 대한민국이 선진국으로 발전할 수 있었던 가장 큰 이유 중 하나는 세계적인 수준의 교육열과 관심이다. 특히 대한민국 교육방송공사의 존재는 세계적으로도 이례적이며, 이를 통해 국가 차원에 준하는 교육이 전 국민에 함양될 수 있었다. 이는 결국 국가 발전에 큰 이바지를 한 것으로 평가된다.

각양각색의 다양한 콘텐츠가 쏟아지는 시대를 맞이했지만 오히려 이러한 시대이기에 양질의 교육 방송과 콘텐츠가 더욱 주목을 받고 있다. 대한민국의 미래를 좌우할 교육에 있어 그 콘텐츠를 담당하는 방송사들이 시대 흐름에 따른 옥석가리기 과정 속에서 엄청난 경쟁력과 힘을 발휘하는 것을 현장에서 목격하고 있다. 새로운 오픈 미디어 시대를 맞아 금방 도태될 것만 같았던 교육방송공사 KBS, MBC, 그리고 특히 EBS는 그간 쌓은 경험과 막강한 저력을 과시하고 있다.

흐름의 반전을 이루어 낸 이들은 향후 대한민국 교육에 지대한 영향력을 끼칠 수 있는 거대한 장기말로 다시금 큰 주목을 받고 있다.

나는 공영 방송들 중 KBS와 MBC에는 클래식 방송이 있지만, 교육방송인 EBS에는 클래식 방송 편성분이 상대적으로 부족하다는 사실을 포착했다. 교육을 중시하는 EBS에서 클래식 예술에 대해 보다 다양한 콘텐츠를 제공하는 것이야말로 가장 미래 지향적인 예술의 활로라는 생각이 들었다. 나는 지체하지 않고 EBS에 제안 연락을 넣었다.

"한국교육방송공사에 클래식을 소개하는 정규 방송이 없다는 것은 도저히 이해가 되지 않습니다. 오전 시간대에 집에서 시간을 보낼 학부모들과 학생들을 대상으로 한 클래식 프로그램을 만들고 싶습니다. 기회를 주신다면 좋은 성과로 보답하겠습니다."

이 제안은 EBS에서 일사천리로 받아들여졌고, 그렇게 나는 해당 방송 프로그램의 진행자로 발탁되었다.

나는 성악을 바탕으로 무대에서 활동하던 사람으로, 방송 경험은 있었지만 디지털 기기를 통한 목소리를 매개로 대중에 다가가는 라디오 경험은 턱없이 부족했다. 더군다나 프로그램 진행자가 되어 매일 한두 시간씩 생방송을 진행하는 것은 완전히 새로운 영역이자 도전이었다.

라디오를 통해 보다 자유롭게 청취자들과 소통할 수 있다면 그간 무대와 협상장에서만 발휘되던 나의 예술적 열정을 다양한 방식으로 전할 수 있을 것이라는 기대도 생겼다. 새로운 도전은 늘 인내와 고통을 동반한다. 만고불변의 진리이자 늘 겪어 온 일이지만 매번 도전은 아프고 괴롭기 마련이다.

방송이 시작되기 약 두 달 전.

"사전에 보이스(voice) 테스트를 좀 해보면 좋겠는데, 늦은 시간이라도 좋으니 시간 가능하실 때 스튜디오로 방문해 주세요."

PD님의 문자를 받은 나는 설레는 마음으로 스튜디오를 찾았다.

비교적 큰 목소리를 내는 드라마틱 성악 발성에 익숙한 나는 대화를 할 때도 목소리가 굉장히 큰 편이다. 그런데 테스트 결과 워낙 목소리 톤이 낮고 굵다보니 이대로는 목소리가 청취자들에게 원활하게 전달되지 않을 것이라는 PD님의 결론이 내려졌다.

나는 "안녕하세요. 정 경입니다"를 방송 개시 전 몇 주 내내 반복적으로 연습해야 했다.

'대체 내가 뭘 하고 있는 거지.'
'이젠 좀 창피할 정도네.'

평생 노래를 하며 굳은 내 목소리에 새로운 컬러를 입히는 과정은 상상 이상의 환골탈태를 요하는 탈피 과정이었다. 객석을 두들겨 부술듯한 기세로 쏟아내던 망치같은 목소리를 갑자기 두 달만에 청취자들의 귀를 부드럽고 감미롭게 감싸는 비단결로 바꾸어 내야한다니.

좋은 의도이자 앞으로의 방송을 위해서는 필수적인 과정이었지만 내 목소리가 방송에 적합하지 않음을 깨닫고 인정해가는 과정은 고통스러웠다.

특히 나는 성악가로서 목소리를 아끼는 것이 당연한 사람이었기 때문에, 지속적인 마이크 앞 활동이 상당한 위험부담이 될 수도 있다는 생각까지 들었다. 당차게 스스로 제안하고 뛰어든 길이지만 이게 과연 목소리가 곧 악기인 연주자로서의 내게 알맞은 길이었는지에 대한 의문이 들기도 했다.

하지만 이제는 익숙해진 패턴; 세상이 던져주는 작용으로써의 시련과 그에 반응하는 나의 반작용이 또다시 활로를 뚫어냈다. 이 어려운 시기를 통해 스스로를 더욱 깊게 들여다보고 새로운 영역과 능력을 계발하는 기회로 삼기로 결심한 것이다. 대부분의 예술가는 개성이 강하기에 스스로의 단점, 약점에 대한 지적이나 부정적인 평가를 잘 견디지 못하는 경우가 많다. 나도 크게 다르지 않은, 지적을 감정적으로 잘 수용하지 못하는 음악가지만 이번에는 아예 타인의 견해를 받아들이는 패러다임 자체를 바꾸기로 했다. 나의 '단점'을 꼬집혔다고 여기는 대신 사실에 기반한 피드백을 받은 것 뿐이라고 자신을 객관화하며 스스로를 이성적으로 설득하기 시작했다.

'내가 평소에 내는 목소리는 아니지만 피디님이 원하는 방향으로 발성할 수 있다면?'

'성악가가 아닌 진행자로서의 목소리를 장착할 수 있다면?'

'공영방송 진행자로서의 능력을 인정받을 수 있다면?'

'어쩌면 나는 이 시기를 통해 양날의 검을 다룰 수 있는 사람으로 거듭날 수 있을지도 모른다.'

그렇게 마음을 먹은 직후부터 라디오 방송을 준비하는 시간이 즐겁게 느껴지기 시작했다. 순식간에 일취월장하기를 희망하기보다는 부족한 부분을 매일매일 조금씩이나마 발전시키는 것을 목표로 삼았다.

질책이나 개선이 필요한 점을 들어도 감정적으로 받아들이는 대신 스스로 갖추어 나가야 할 부분이라는 이성적인 판단을 할 수 있게 되었다. 그러자 서서히, 새로운 영역으로 진출하기 위해선 어쩌면 당연히 필요한 과정이자 겪어야 하는 배움의 과정을 겪고 있는 것이라는 자각이 들기 시작했다.

긍정적인 마음을 바탕으로 반복된 훈련 속에서 나는 점차 진행자다운 목소리를 장착하고 다져갔다. 그간 어떤 활동을 얼마만큼 해 왔건, 얼마나 큰 무대에 서 보았건, 새로운 배움과 확장 가능성은 결코 줄어들지 않은 채 무한하게 펼쳐진다는 사실을 새삼 깨달았다.

결국 나는 무사히 라디오 방송 시작 전까지 목소리에 대한 불안감을 극복하고 자신감을 얻을 수 있었다. 이후 그동안 진행해 온 오페라마 공연 역시 거친 야생마 같았던 과거와는 달리 보다 고급스럽고 세련된 느낌을 장착했다는 피드백을 얻기 시작했다. 이건 순전히 과감하게 지적해 주신 PD님 덕분이다. 그 결과 나는 무대에서 노래하는 목소리, 라디오 방송을 진행하는 목소리, 사람들과 대화하는 목소리, 학생들을 가르칠 때의 목소리 등 크게 네 가지 다른 목소리를 자유로이 구사할 수 있게 되었다.

나의 본질은 변하지 않는다. 목소리도 마찬가지다. 그러나 세월이 흐르며 깨닫는 바가 있다면 불변하는 본질을 굳건한 바탕으로 삼아 이를 중심

축으로 삼으면, 각기 다른 상황에 임하는 스스로의 목소리를 자유자재로 조절할 수 있다는 점이었다.

EBS 라디오 방송 진행자가 되기 위한 노력의 과정에서 나는 보다 다재다능하고 업계 간의 장벽이나 이미지에 구애받지 않는, 보다 유연한 예술인으로 거듭날 수 있었다. 여러 목소리를 장착하고 나서 돌아보니 예술적인 표현력은 물론 사회 속에서의, 개인간의 소통도 진일보했다는 자각이 든다.

매일 오전 2시간을 책임지는 생방송 라디오 진행자로서의 새로운 정체성을 확립한 정 경 앞에 펼쳐질 길이 보다 넓고 다채로워진 것이라는 확신이 든다.

제 3장

광대로부터의 전언

| 체력
| 전쟁

오늘의 시작도 여느 날과 다르지 않다. 눈을 뜨자마자 목소리의 생사부터 확인한다.

"아~~~~"

"음~~~~"

목이 조금 더 부드럽게 풀리도록 따뜻한 물을 한 모금씩 천천히 들이킨다. 기지개를 켜고 자리에서 일어나려는데 문자 알람이 울린다. EBS 방송국 PD님의 메시지였다.

[교수님. 오늘 방송 끝나고 개편 회의 참석 가능하실까요?]

마지막 개편이 이루어진 것도 바로 엊그제 같은데 그로부터 벌써 1년이 흘러 또다시 개편 회의라니. EBS 정규 방송 프로그램은 일반적으로 매년

초 개편을 거치는데, 이 과정에서 제작진과 스태프 인사 및 프로그램 기획이나 구성 등을 재정비한다. 떨리던 첫 방송으로부터 무려 3년이 흘렀다.

직접 참석한 이 프로그램의 정규 개편 회의만도 벌써 세 번째다. 이미 3년이나 함께 손발을 맞추어 왔기에 이제 모두 능숙해지기도 했지만 동시에 애청자들이 많은 장수 프로그램으로 자리를 잡아가고 있기에 어떤 방향으로 나아가야 좋을지 다들 고민이 많다. 이 얼마나 행복한 고민이며, 또 기분 좋은 회의 자리인가. 나는 방송 이후 잡혀있던 미팅 일정을 급히 조정한 후 PD님께 답장을 한다.

[네, 개편 회의 참석을 위해 이후 일정 조정하였습니다.]

EBS 라디오를 진행하게 된 지 만으로 3년이 지나 어느덧 4년차. 그 첫날을 아직도 생생히 기억한다. 목소리가 너무 굵어 청취자들에게 명확한 전달이 어려울 것 같다는 제작진의 판단하에 시간이 날 때마다 방송국에 방문했다. 오로지 "안녕하세요. 정 경입니다."를 완성하기 위해 수백, 수천 차례의 연습 과정이 필요했다.

그로부터 벌써 3년이라니, 새삼 인생이 너무 짧게 느껴진다. 예술인으로서 활동할 수 있는 시절은 그보다 더욱 짧다는 생각을 하면서 집밖으로 나서는 길, 어째 또 조바심이 난다.

오늘도 방송에서 소개할 음악을 미리 들어보면서 혼자 나직하게 중얼거린다.

"여기서 아까 생각해 둔 이 멘트로 시작하고, 이 곡에 담긴 정취와 심상을 몇 번째 마디쯤에서 이야기 해주면 좋을 것 같고, 또 시청자분들의 댓글은 이 코너의 막바지에 읽으며 소개하면 좋겠다."

방송이 시작되는 순간부터 끝나는 순간까지 전체 플레이타임을 머릿속에서 리허설하고, 가끔은 예상치 못한 변수나 돌발상황도 떠올려 본다.

'만약 변수가 생긴다면, 그땐 이런 말을 꺼내면서 수습을 시도하고…'

어느 정도 생각 정리를 마무리하고 나면 다시 휴대폰을 열어 해결해야 하는 일들을 하나씩 확인한다.

오늘따라 일이 더 많은 것처럼 느껴진다. 평일과 주말의 구분 없이 일에 매달려 살다 보니 조금만 긴장을 풀어도 만성적인 피로감이 떠나지 않는다. 그럼에도 멈출 수 없다. 주말을 즐길 수 없는 현실을 받아들이는 대신 잠시 아무 생각도 하지 않고 멍 때리는 시간을 갖기로 한다.

복잡한 머릿속을 의도적으로 비우기 위해 진행하고 있는 라디오 방송 관련 게시물들을 훑어보던 중 흥미로운 글 하나를 발견했다.

어느 방청객의 글이었다. 얼마 전, 〈정 경의 클래식 클래식〉 프로그램에서는 1천 회를 맞이하여 공개방송을 진행했다. 우리는 라디오 청취자들의 사연을 응모받아 방청객을 모집했고, 글을 올린 분은 그렇게 선정된 방청객들 중 한 분이었다.

공개방송에 사연을 접수한 이야기.
방청객으로 선정되어 설레던 마음.
함께 가기로 한 분에게 사정이 생겨 혼자 가기로 결심한 이야기.
아침 일찍 일어나 염색약을 바르고 단장하던 마음가짐.
지하철과 버스를 갈아타며 힘겹게 EBS에 도착한 이야기.
방청 이후 눈 내리는 귀갓길에서 떠오른 감상들.
씩씩하게 홀로 방송국에 다녀온 자기 자신을 응원하는 모습까지.

읽는 것만으로도 입가에 미소가 절로 배어져 나오는 생동감 넘치는 이야기였다. 글을 읽다보니 나 역시 그날 방송국에서 마주한 그분의 모습이 어렴풋하게 떠올랐다.

분명 아담한 체구에 가냘픈 목소리를 가진 소녀 같은 분이었다. 방송이 끝난 후 함께 사진 촬영도 했고, 서로 인사를 나누기도 했다. 그분의 블로그에는 실제로 내 방송을 보기 위해 방송국을 찾으신 과정부터 본 방송, 이후의 귀가하는 과정까지의 모든 여정이 담겨 있었다. 나는 감동을 받지 않을 수 없었다. 나처럼 턱없이 부족한 사람이 과연 이렇게 과분한 사랑을 받아도 되는 것인가 하는 의문이 든다. 부끄럽게 느껴지기도 하고, 한편으로는 진심으로 감사할 따름이다.

다시 에너지가 점점 끓어 오르기 시작했다. 받은 사랑만큼 세상에 돌려드리고 싶은 마음이야말로 예술가의 천성이 아닐까. 마침 차창 너머로 EBS 방송국이 보이기 시작한다. 잠시 눈을 감고, 감사한 사람들을 떠올리면서 지금 용솟음치는 힘의 근원을 다시 한번 확인한다. 차에서 내려 스튜디오를 향해 내딛는 발걸음이 경쾌하다.

"굿모닝~~~ 다들 좋은 아침입니다!"

"깜짝이야! 오늘따라 힘이 넘치시네요. 무슨 좋은 일 있으셨어요?"
제작진들이 우렁찬 목소리에 깜짝 놀란다.

"이렇게 우렁찰 수 있는 하루가 주어졌다는 게 충분히 좋은 일이죠. 오늘 컨디션이 아주 좋네요."

"다행입니다. 애청자 분들에게도 이 에너지가 온전히 전달되면 좋겠네요. 아참, 오늘 개편 회의 잊지 않으셨죠?"

"물론입니다. 개편 회의 참석하려고 일정도 다 미리 조정해두었습니다. 우선 방송 준비 좀 해야 해서, 잠시 후에 이야기 나누도록 하죠."

"아, 시간이 벌써 이렇게 됐네요. 오늘도 힘내세요, 교수님."

오늘 방송도 급류처럼 흘러간다. PD님의 [멘트 큐] 사인, 작가님의 [지금 ~말해 주시면 좋겠어요] 사인, 시청자들의 댓글을 실시간으로 확인하고, 대본을 읽고, 음악이 흐르는 막간을 이용한 회사 업무 처리 등... 시침한 칸의 움직임이 마치 분침의 다섯 칸처럼 느껴진다.

어느덧 마지막 곡을 소개할 차례. 언젠가부터 나의 시그니처 인사로 자리 잡은 "안녕~~"을 외치며 오늘의 방송도 마무리. 휴~

방송이 끝나면 한꺼번에 허기가 몰려온다. 주린 배를 움켜쥔 채 시계를 올려다보면 바늘은 항상 정오를 가리키고 있다.

밥 생각에 신속하게 녹화 스튜디오를 빠져나오니 제작팀은 회의 준비로 분주했다.

'아, 맞다. 개편 회의!'

방송에 너무 집중한 나머지 잠시 잊고 있었다. 배고픔이 한 순간에 싹 가셨다. 곧바로 회의실에 착석했고, 대망의 제 3차 개편 회의가 시작되었다.

PD님의 폭탄 발언과 함께 시작된 회의.

"이번 방송이 개편되며 시간이 변동될 것 같습니다."

"지금 오전 11시 시작인데 몇 시 타임으로 바뀌는 걸까요?"
아무래도 편성 시간 재배치인 것 같다.

"아뇨 그게... 시작 시간은 동일한데 현재 한 시간 진행 프로그램이 두 시간 진행으로 변동될 것 같습니다."

"네? 지금 방송을 두 시간이나요?"

"현재 저희 프로그램 반응이 너무 좋다보니 결국 프로그램 시간을 대폭 늘리는 방향으로 가닥이 잡혀가고 있습니다."

"교수님 혹시 두 시간 진행 시간이 괜찮으실까요? 미리 여쭈었어야 하는데 교수님께도 상당한 부담일거라 저희도 워낙 고민이 많다 보니.."

"무려 두 시간이라니… 그것도 매일.."

전혀 예상치 못한 개편 방향에 당혹감을 감추지 못하고 있는데,

"그렇다면, 두 시간 프로그램으로 다시 구성해야겠어요. 코너의 경우…"

어버버거리며 제대로 가부 여부도 밝히지 못한 상태인데 PD님이 쾅쾅 확정 도장을 찍어 주신다.

'앞으로 그럼 매일 식사를 지금보다 한 시간 더 뒤에야 할 수 있는 건가?' 심각한 고민을 하다 보니 어느덧 한 시간에 걸친 개편 회의가 끝났다.

"자. 그럼 이제 두 시간으로 프로그램이 늘어났으니 주제 구성부터 코너, 진행 등 다양한 부분을 지금부터 기획해야 합니다. 다들 진지하게 구상해 보시고, 정규 회의 때 의견 나누어 주세요. 오늘 회의는 이만 마치겠습니다."

매일같이 라디오 생방송 2시간. 예상치 못했던 방향이다. 분명 기쁘고 환영할 만한 일이다. 반응이 좋다는 것도 진행자로서 더할 나위 없이 행복한 일이다. 그러나 성악가로서는 마냥 좋아할 수만도 없는 일이었다.

목은 여타 물리적인 악기들과 달리 그야말로 평생 사용하는 생체 충전식 배터리와 같은 소모품이다. 따라서 성악가는 공연이나 성악 활동을 위해 일상 생활에서 최대한 목을 아껴가며 활동해야 한다. 행복해 하는 청취자 분들을 위해서라면 두 시간이 아니라 세 시간도 가능하다. 그러나 지금과 같은 공연 및 활동 스케줄을 소화하면서 라디오 생방송을 두 시간이나 진행한다는 건 목에 큰 무리가 올 것임이 자명했다.

여기서 옳고 그른 선택지는 없다. 만일 존재한다 하더라도 그건 먼 훗날 돌아보았을 때에나 드러날 문제이다. 약간의 고민이 있었지만 길이 나 있는 방향은 명확했다. 현재 애착을 가지고 4년째 진행중인 방송이 갈수록 좋은 반응을 얻고 있으며, 그로부터 삶의 위로와 힘을 얻는 분들이 늘어간다는 건 라디오 진행자로서 더 바랄 것 없는 지복이었다. 공연장의 무대에 모든 힘을 쏟는 것만 생각하며 살아왔지만, 내게는 물리적인 공연장이나 무대 이외에도 방송이라는 천혜의 무대가 주어진 것이다.

스튜디오냐 콘서트홀이냐의 차이일 뿐 내가 무대 위에서 객석을 향해, 그리고 라디오와 이어폰 너머의 청취자들을 향해 예술을 선보이는 예술가이자 예술 상인이라는 점에는 아무런 차이가 없다. 그렇다면 이제부터는 무슨 싸움이다?

"앞으로는 체력 싸움이 되겠군."

| 단지 한두 발짝
| 더 용감할 뿐

늦은 점심을 챙겨 먹자마자 오후 4시에 예정된 미팅을 위해 한국경제로 출발했다. 일산에서 서울 중림동으로 넘어오는 차 안. 드넓은 한강이 시선을 사로잡는다.

'저 거대한 강은 어디로 흘러가는 걸까.'
'나는 대체 어디로 흘러가고 있는 것일까.'
'내 삶에 주어진 사명은 과연 무엇일까.'

나 자신이 과연 무엇을 위해 살아가고 있는 것인지에 대해 잠시 고민하는 시간을 갖는다. 갑작스레 현학자 모드로 돌입해 자문자답을 하다 보니 어느새 한 시간이 흘러 있었다. 한국경제 건물이 보이기 시작한다. 저녁 6시 방송 녹화장에 들어가기 전 오후 4시 무렵, 예술감독과 잠시 이야기를 나누기로 했다. 그는 1층 로비 한 쪽에 자리한 카페에서 날 기다리고 있었다.

"일찍 왔네? 많이 기다렸지?"

"아닙니다. 일산에서 오시느라고 힘드셨죠? 커피 한 잔 하시면서 잠시 숨 좀 돌리세요."

한경 arte는 1987년 음반회사로 출범한 아르떼로부터 출발했다. 아르떼는 2005년 음악전문 채널 예술 TV로 개국하였고, 그로부터 20여 년간 공연 예술, 순수 예술 콘텐츠를 전문적으로 방송해왔다. 따라서 클래식계 종사자라면 모르는 사람이 없으며, 클래식계에서는 가장 유명한 예술 전문 언론사이자 TV 채널로 꼽힌다. 2022년 한경미디어그룹에 인수된 아르떼는 같은 해 12월 1일 [대한민국 문화 예술의 중심]이라는 타이틀을 내걸고 대한민국 최초의 종합문화 예술 채널로 개국했다. 개국과 동시에 문화 예술계 뉴스인 〈아트룸〉 프로그램이 창설되었고, 난 문화 예술계 뉴스 〈아트룸〉의 앵커로 발탁되어 활동을 개시했다.

나는 오래 전부터 공연 소개, 명사 초청, 인터뷰 등 단순 홍보에서 더 깊이 나아가지 못하는 문화 예술계 방송 프로그램들에 아쉬움이 많았다. 문화 예술계의 현안, 마주해야 할 문제와 이슈가 업계 현장에서만 꾸준히 논의될 뿐 방송이나 언론에 조명되는 모습을 보지 못했다. 오히려 민감한 이슈들이 수면 위로 올라올 법하면 마치 누군가가 깊은 물속으로 끌어당긴 것처럼 자취를 감추곤 했다.

이제는 시대가 변했다. 우리 클래식계가 세상을 받아들이는 방식, 즉 패러다임이 시대에 맞추어 적응하고 변화해 나가지 못한다면 이는 우리가 점차 대중들로부터 유리되어 도태되고 마는 가장 큰 원인이 될 것이다. 다시 르네상스를 일으켜 되살아나고, 경쟁을 통해 살아남아, 나아가 자립까지 이룩하기 위해서는 과연 무엇이 필요할까? 우리 문화 예술계의 과거-현재의 현안과 쟁점이 될 수 있는 뜨거운 이슈를 명민한 시각으로 낱낱이 파헤치고 마주하여, 진정성있는 해결 방안을 모색해 나가는 프로그램의 존재가 가장 시급하다고 나는 판단했다. 이와 같은 방송 프로그램은 문화 예술계 그 어디에서도 찾아볼 수 없는 독보적인 콘셉트일 뿐 아니라 예술계의 앞날을 위해서도 꼭 필요한 존재가 될 것이라고 확신했다.

그 결과, 예술계 현안들에 대한 문제의식을 바탕으로 만들어진 코너가 바로 〈아트룸〉 뉴스의 〈아트대담〉 코너였다. 〈아트대담〉은 문화 예술계에서 그간 다루지 않았던 민감하거나 쟁점이 발생하는 주제들을 다루는 프로그램으로, 다양한 시각을 가진 각계의 전문가들을 초빙해 토론을 개최하여 대담을 진행하는 장이다. 나는 내가 주관했던 예술경영 박사과정을 수료한 제자를 방송국에 추천했고, 그는 예술감독으로서 이 〈아트대담〉 코너를 담당하게 되었다.

〈아트대담〉은 첫 방송 준비부터 난관에 봉착했다.

"출연하기로 예정되어 있던 B 교수님께서 출연을 고사하신다고 합니다. 업계에서 예민한 주제에 대해 공개적으로 발언했다가 향후 본인에게 큰 피해가 있을까 염려가 되신다고.."

"출연하실 교수님을 상대로 함께 질문과 답변을 준비하는 중입니다만, 부정적인 답변은 모두 피하고자 해서 도저히 던질 수 있는 질문이 없습니다.. 난감하네요."

"지금까지 열 분 이상에게 연락을 드렸는데 아무도 이 주제에 대해서는 말씀을 못하시겠다고…"

"출연 제의는 수락하셨습니다만 계속해서 걱정이 크신 모양이라서…"

패널 소통, 인터뷰, 질문지 작성을 담당하고 있던 예술감독은 나를 만나 〈아트대담〉 코너 준비의 어려움을 토로했다.

우리가 가진 좋은 취지와는 달리 주변은 온통 부정적인 시각과 견해들로 가득했다. 이는 사실 예술감독만 겪고 있는 어려움이 아니었다. 패널로 출연하는 분들 중 대부분은 진행자인 나보다 예술계 선배님들로 계셨기에, 내가 직접 나서도 방송에 모시는 일이 쉽게 성사되기 어려웠다.

"교수님, 정 경입니다. 일전에 출연해주시기로 약속하셨는데 갑자기 임박해서 나오지 못하신다고 말씀하시면…"

"어려운 이야기를 하는 자리라면 난 출연하지 않겠네."

"그래도 교수님 같은 분들께서 출연해 주셔야 문화 예술계에 변화가 생길 가능성이…"

뚝-

갑자기 연락이 두절되는 것은 물론 녹화 당일까지 출연을 확답하던 출연자가 녹화 직전 갑자기 잠수해버리는 사례도 생기기 시작했다. 어떤 출연 패널분은 이렇게도 얘기했다.

"이런 이야기를 공개석상에서 나누는 건 클래식계를 무너뜨리는 일이야."

"우선 잘못된 문제를 바로잡아야 그 위에 더 단단한 기초를 만들 수 있는 것 아니겠습니까."

"이 사건을 잘못 건드려서 크게 터지면 더 이상 클래식계가 이어지기 어려울 수 있대도?"

"결과는 저희가 책임지겠습니다. 불편한 자리시겠지만 출연해 주시면 진심으로 감사드리겠습니다."

"우리 모두의 밥줄이라니까……"

출연에 난색을 표하신 분 중에는 평소 존경해 마지않았던 교수님도 계셨다. 클래식계를 변화시키려는 노력을 오래도록 쏟아 오신, 무척이나 인자하신 분이셨다. 그럼에도 고민이 마지막 순간에 닿자 클래식 업계 전체의 앞날을 위해 선두에 서는 대신 개인적 명망과 안정이 보장되는 쪽을 택하신 듯했다. 개인의 선택은 어떠한 것이든 존중받아 마땅한 것이므로 실망하지는 않았다. 다만 아쉬웠다.

온갖 형태의 거절은 물론 상대의 난색으로 민망한 순간들이 펼쳐졌지만 이 정도로 멈출 생각은 애당초 없었다. 비록 그간 쌓아온 업계 내 인간관계가 모조리 무너진다 할지라도 할 수 있는 모든 일을 시도할 생각뿐이었다. 스무 명에게 출연 의사를 여쭙고 나면 그래도 한 분쯤은 어렵게나마 출연에 응해주시는 분들이 있었다.

잃는 게 있으면 얻는 것도 있는 법이던가. 너무나도 어려울 수밖에 없는 공개석상에 출연해 주시는 분들과 터놓고 대화를 나누고, 그러한 과정에서 관계가 두터워지면서 또 다른 용기있는 분들을 소개받기 시작했다. 덕분에 접할 수 있는 진정성 넘치는 예술가 및 예술 전문가 인적 네트워크가 점차 넓고 깊어지기 시작했다.

각 주제에 적합한 전문가분들을 추천받거나, 예민한 주제를 능숙하게 언급하고 다룰 노하우 또한 가르침을 받기도 했다. 나 또한 민감한 사안들을 다루며 토론과 방송을 진행하는 기량과 여유를 점차 갖추어 나가기 시작했다. 공격적인 질문 세례로 패널들을 궁지에 몰아넣는 모양새가 아닌, 최대한 부드러운 방식으로 패널들이 민감한 사안이나 주제에 대해서도 안심하고 편안하게 답변할 수 있는 분위기를 조성하고자 노력했다. 이렇게 한 회 한 회 시간이 흐르자 〈아트대담〉도 점차 안정세로 접어들 수 있었다.

오늘 예술감독과 미리 만나 나누는 이야기도 다음 달부터 진행할 주제와 출연 패널들, 준비하고 있는 질문 항목들을 논의하기 위함이었다.

"최근 언론에 보도되는 OO이슈와 OO문제 관련해 다뤄보면 어떨까 싶습니다."

"그래? 다들 보도하고 있는 이 문제를 우리까지 다뤄야 한다고 생각하는 이유는 뭘까?"

"어느 기사에서 참조문헌으로 첨부한 보고서를 찾아보았는데 구체적으로 조사해보니 하루이틀 이어져 온 문제가 아니었습니다. 거의 만성질환 수준이었던 거죠. 문제는 해외보다 국내에서 더욱 심각한 상황이라는 겁니다. 해당 내용 참조하시도록 관련 보고서도 준비해 왔습니다. 한번 살펴봐 주세요."

"다른 곳들보다 우리는 보다 심도 있게 다룰 수 있을 것 같아 좋네. 그럼 출연 패널분들 구성은 떠올리고 있는 사람이 있을까?"

"그래서 말입니다만 혹시 00기관 대표님 알고 계실까요?"

"그럼. 잘 알고 있지. 최근에도 사석에서 뵌 적이 있고."

"아, 정말 다행이에요. 가능하시다면 그분께 연락을 취해보면 어떨까요?"

"말 나온 김에 지금 전화드려볼게. 잠시만."

(통화 후)

"섭외 완료! 연락처 문자로 전달해 둘 테니 내일 오전에 정중하게 연락 드리도록 해."

"네, 꼭 그렇게 하겠습니다. 아, 그리고 질문 항목들의 편성 말인데요. 처음엔 부드럽게 진행하다가 중반 이후쯤에 까다로울 수 있는 질문을 두어 개 배치하는 건 어떨까 해서요. 이 구성 한 번 훑어봐 주세요."

"질문 순서 배치는 좋은 것 같아. 다만 이 세 번째 질문을 좀 더 날카롭게 가 보는 건 어떨까?"

"그렇다면 질문지에는 미리 보내지 않고 교수님께서 방송 때 즉흥적으로 질문해보시는 건 어떨까요? 만일 너무 당황하시거나 어려워하시면 편집하면 되니까요."

"그것도 괜찮은 방법인 것 같다. 중반 이후에 날카롭게 던질 질문들을 좀 더 다듬어보고, 선택지를 몇 개쯤 더 만들어서 최종 확정해보자."

"네, 그렇게 진행하도록 할게요. 그 다음 다루게 될 주제는.."

시간 가는 줄 모르고 전략 회의를 하다 보니 어느 새 6시 방송 시작 불과 10분 전이었다.

"벌써 10분 전이다. 우리 어서 스튜디오로 올라가야겠다."

"아, 정말이네요. 틈 나실 때 나눠야 할 이야기가 워낙 많다보니 매번 시간 가는 줄을 모르겠네요. 그래도 다음 달 일정을 어느 정도 스케치할 수 있는 시간을 가졌습니다. 나머지는 제가 잘 준비하겠습니다."

"그래, 막히는 부분 생기면 또 언제든지 이야기나누자. 어서 올라가자."

연 365일, 주 7일, 하루 24시간 풀 가동.

스위치-온.

| 솥뚜껑 삼겹살 같은
| 인생이여

오늘따라 스튜디오로 올라가는 엘리베이터가 더 빠르게 솟구치는 것처럼 느껴진다. 잠시 눈을 감고 언론인으로서의 객관적인 태도를 다지기 위해 마음가짐을 다듬는다.

'뉴스 앵커는 사적 감정을 개입시키지 않은 객관적인 사실을 전달하는 사람이다. 나는 예술가니 감정은 배제하더라도 예술가적인 견해와 색채는 충분히 담기도록 하자. 그래야만 나만의 색이 담긴, 차별성을 지닌 프로그램이 될 수 있다.'

문이 열리는 동시에 스위치-온. 대기실, 스튜디오를 오가며 제작진, 스태프진과 인사를 나눈다. 의상을 갈아입고 메이크업을 받으며 향후 펼쳐질 일들을 떠올린다.

'오늘은 J 기관 대표님이 출연하시니 이참에 인사를 나누고 앨범과 책을 선물해 드려야겠다. 그러고 보니 J 기관에 공연홀이 있었던 것 같은데.. 얼른 검색해 보자. 단독홀 200석? 소규모 오페라마 공연 진행에 딱 좋은 규모의 홀이네. 나중에 기업 공연을 대관해 추진할 수도 있겠다. 기관 자체 공연도 필요할 수 있을 테니 이번에 서로 윈윈할 수 있는 기회로 삼을 수 있으면 좋겠네.'

(똑똑똑)

"교수님. J 기관 대표님 도착하셨습니다."
문밖에서 들리는 예술감독의 목소리.

"그래. 메이크업 끝나는대로 인사드리자!"

방송 녹화 30분 전. 방송 직전이지만 내게는 놓칠 수 없는 영업의 순간이자 기회의 문이다. 사실 예술 상인의 관점에서는 매 순간이 영업의 순간이다. 카멜레온처럼 스위치-온-오프를 해 가며 정체성을 바꾸지만 유독 예술 상인으로서의 사고회로는 잠시도 그 회전을 멈추지 않는다. 상인으로서의 삶이란 곧 기회를 놓치지 않는 것으로 성패가 판가름 난다. 그간의 경험상 기회는 하루 24시간 잠잘 때는 꿈속에서, 깨어있을 때는 하늘에서 뚝 떨어지기도, 땅속에서 불쑥 솟아오르기도 하는 까닭에 예술 상인의 회로는 결코 잠들 수 없으며 잠들어서도 안 된다.

하나의 공연을 유치하기까지 거쳐야 하는 수많은 과정이 존재하지만 주변의 그 누구도 내가 작은 공연 하나조차 무대에 올리기 위해 얼마나 노력하고 모든 걸 쏟아붓는지 제대로 알지 못한다.

"뭐? 국립극장 대극장에서 이틀 연속으로 독창회를 한다고?"
"대단하다. 너니까 가능한 거야."

성사된 결과만 보고 다들 쉽게 이야기하지만 나는 예술계 엘리트 코스도 거치지 않았으며 전설적인 성악가의 반열에 오른 사람도 아니다. 결코 나만 해낼 수 있는 특출난 무언가가 있어서일 리가 없다. 유일하게 다른 점이 있다면 누구나 할 수 있는 일을 나는 조금 더 치열하게 고민하고, 최대한 신속하게 실행에 옮긴다는 점 뿐이다. 살가운 인사 한 차례, 큰 그림을 그려내기 위한 모든 요소들을 갖추기 위한 전화 수십 통, 밤새 구상한 기획안을 가지런히 챙겨 잠재 고객들의 문을 두들기는 발걸음, 만나는 모든 분들에 대한 기본 정보 습득과 상대가 마주한 현안들에 대한 사전 조사. 머릿속에 구축해 놓은 기존 인적 네트워크, 자료 데이터베이스와의 새로운 연결 및 연동 구상. 팀을 모아 이를 전부 꺼내놓고 또다시 그려나가는 큰 그림.

다들 어느 공연장에 어떤 공연을 올리고 어떤 방송과 행사에 초대되는지만 바라볼 뿐, 그 뒤에서 이루어지는 치열한 과정과 수백 통의 전화 통화, 작전 회의들을 상상하지 않는다. 이런 부분을 설명하거나 소개할 때면 거의 대부분 같은 반응을 보인다.

"공연 하나 올리려고 그렇게까지 해야 하는 겁니까?"
"유명하고 힘이 넘치셔서 늘 기회가 그냥 주어지는 줄 알았어요."

방송용 메이크업을 마치자마자 나는 J 기관 대표님과 인사를 나누기 위해 대기실로 향한다.

"안녕하세요! 대표님. 정 경입니다."

"안녕하세요. 역시나 듣던 대로 목소리가 좋으시네요."

"아이고, 아닙니다. 현재 저는 워너뮤직이라는 세계 3대 글로벌 회사 소속 아티스트 겸 상임 이사로 재직하고 있습니다. EBS에서는 매일 오전 라디오 생방송을 진행 중이며, 모교인 경희대학교에서 박사과정 학생들을 가르치고 있습니다. 이렇게 모실 수 있어 영광입니다. 제가 진행하는 뉴스에 출연해 주셔서 감사드려요."

"도대체 하루를 어떻게 보내시길래 이렇게도 많은 일을 감당해내시는 건지 대단하네요."

"그저 몸이 큰 만큼 열심히 움직이면서 살기 위해 노력할 따름입니다. 아참, 제가 작은 선물을 좀 준비했습니다."

"아이구, 저는 선물 같은 거 준비 못 했는데-"

"별 건 아닙니다. 예전에 제가 쓴 책과 녹음한 앨범인데, 집에서 라면 드실 때 라면 받침으로 사용하시면 딱 좋습니다. 실제로 컵받침과 라면 받침으로 아주 반응이 좋습니다?"

"푸하하하"

"제가 현재 오페라마라는 장르 공연을 직접 기획해서 무대에 올리고 있습니다. 듣기로는 J 기관에도 약 200석 정도 규모의 홀이 있다던데, 오페라마 쇼케이스 공연을 올리기에 딱 좋은 규모의 홀이더라고요. 저희가 기업가 분들을 대상으로도 공연을 하고 있어서 다음 번에 기회 닿으면 홀 대관 요청 드리고 공연을 진행해도 좋을 것 같다는 생각이 들었습니다.

다음에 한 번 정식으로 찾아뵙고 말씀드려도 괜찮을까요?"

"아, 마침 저희도 자체 기획 공연을 진행해야 하는데 잘 되었네요. 다음에 따로 자리 만들어서 자세히 이야기 나누도록 하지요."

"네, 알겠습니다. 자. 그럼 같이 방송 전 리딩 들어가 보실까요?"

우리는 리딩을 잘 마치고 스튜디오로 이동했다. 이어진 녹화 역시 순조롭게 마무리되었다. 그러나 여기서 모든 게 끝난 것이라고 생각하면 정말로 끝나버린다. 내게 있어 녹화의 마무리는 그저 전반전 종료를 알리는 휘슬과도 같다. 나는 출연 패널 분, 예술감독과 함께 대기실로 이동해 대화를 이어 나갔다.

"이런 어려운 주제를 다루는 게 쉽지 않은데 정 경 교수님은 이례적인 시도를 하고 계시군요."

"누군가는 해야 할 일이라고 생각해요. 문화 예술계를 깊이 들여다 보고 있자면 심각한 문제들이 정말 많습니다. 예술인 취업, 예술 대학 교육 커리큘럼, 티켓 판매의 현실, 사각지대에 놓인 고령 예술가들, 국가 차원의 문화 예술 정책 개선 등 앞으로 다뤄야 할 문제가 너무도 많습니다. 다만 너무 오랜 기간 전 방위적으로 만연한 문제들을 미루고 방치하다 보니 이젠 어디서부터 손 대야할지 알 수 없어져 버린 느낌입니다. 만성 질병과도 같은 체질을 개선할 필요가 있다고 생각하지만 너무 고착화되어 있어 하나하나 문제의식을 환기하는 것으로부터 시작하고 있습니다. J 기관의 대표님으로 계시니 그런 문제가 더 와닿으실 거라고 생각합니다만.."

"물론입니다. 제가 직접 경험하면서 느끼는 문제들도 많아요. 저는 예술가 출신이 아니라 행정가 출신이에요. 행정가가 예술의 깊숙한 부분을 속속들이 알 수 없듯 예술가도 행정가들의 생태계에 대해서는 자세히 알지 못해요. 사실 행정가들은 예술가와 기관을 연결하는 가교이자 그 관계와 흐름을 원활케 돕는 역할이지 예술가 위에 군림하는 역할이라거나 예술계를 실질적으로 좌지우지한다거나 그러지 않거든요. 그런데 전반적으로 예술가분들이 그런 부분을 오해하는 경향이 있어요. 물론 문제가 될 만한 사건들도 있긴 했습니다만 실로 소수 사례일 뿐 대부분은 그렇지 않거든요. 이런 주제들도 언론에서 좀 다루어주시면 좋을 것 같아요."

"예술감독님, 방금 대표님이 말씀하신 부분 적어두었다가 향후 방영 주제 선정에 검토해 주세요."

"네, 검토하겠습니다."

"대표님, 저희가 3주 뒤에 ooo 관련 주제를 뉴스에서 다룰 예정입니다만 혹시 출연 추천해 주실 만한 패널분이 계실까요?"

"워낙 예민하고 민감할 수 있는 주제이긴 해서.. 추천해드릴 만한 분이... 아! 생각나는 분이 한 분 있네요. 제가 연결해 드리도록 할게요."

"감사합니다 대표님. 이 주제를 다룰 수 있다면 문화 예술계가 실로 전진하는 귀중한 발걸음이 될 수 있지 않을까 생각합니다."

"이 뉴스와 대담 프로그램을 기점으로 문화 예술계가 좋은 쪽으로 크게 변해나갈 거라 믿어 의심치 않습니다."

"저야말로 귀한 발걸음해 주셔서 감사할 따름입니다."
대표님을 공손히 엘리베이터까지 배웅해 드린 뒤 나와 예술감독은 강렬한 하이파이브를 나눴다. 오늘 하루도 무사히 살아냈다는 안도의 한숨과 함께. 방송국에서 나갈 채비를 마친 뒤, 예술감독과 잠시 카페에 들러 오늘 진행한 녹화 방송의 피드백을 나누기 위해서였다.

"오늘 녹화는 어땠어?"

"대본에 없는 질문하실 때가 특히 좋았어요. 나중엔 아예 대본 없이 가보는 것도 하나의 신선한 방법이 될 수 있겠다는 생각이 들었어요."

"그리고?"

"아무래도 방송이다 보니 전반적인 출연자들의 분위기가 조금 더 고양되면 좋을 것 같아요. 교수님은 전혀 문제 없지만 출연 패널분은 방송인이 아니다보니 전체적으로 차분하시더라고요. 이 부분은 향후 제가 출연하시는 패널분들께 미리 말씀드려 놓겠습니다. 아, 그리고 제가 구성해 놓은 질문 문구가 너무 긴 것 같은데, 진행하시면서 읽기 불편하지 않으셨어요?"

"전혀 불편하지 않았어."

"그렇다면 다행이에요. 혹시라도 불편하게 느껴지시면 말씀 주세요.

길이 조정은 얼마든지 가능하니까요."

"그래. 우리 오늘도 무사히 끝냈다. 정말 고생 많았어."

"교수님이 더 고생 많으셨죠. 지금 이 어려운 활동들이 언젠가 빛을 발하는 순간이 오겠죠?"

"그럼. 시작은 미약해도 나 역시 아까 대표님 말씀처럼 문화 예술계 전체의 큰 변화를 가져다줄 프로그램이 될 거라고 생각해."

길고도 고단했던 하루가 끝났다. 오랜만에 매번 동행하는 최 과장, 예술감독과 함께 저녁식사를 즐기는 날이다.

높은 긴장감과 계속 굴려야 하는 머릿 속 회로로 인해 무엇을 삼키는지, 맛도 제대로 느끼지 못하는 식사가 아닌, 정말 편안한 사람들끼리 함께 나누는 식사 자리. 인당 수십만 원이 훌쩍 넘는 값비싼 코스요리도 좋지만 함께 고생한 셋이 하루의 끝자락에 옹기종기 모여 앉아 솥뚜껑 위에 삼겹살을 굽는 순간이 내겐 가장 행복하게 느껴진다.

오랜만의 편안한 자리라서인지 평소 나누지 않던 사소한 일상도 나누게 된다. 결혼 생활은 어떤지, 애인과는 잘 만나고 있는지, 요즘 어떤 영화가 흥행중인지. 기브 앤 테이크가 확실한 관계가 사회 속에서 가장 깔끔하고 좋은 역학 구조라면, 함께 사람 사는 냄새를 공유하는 인간적인 관계에서만 느낄 수 있는 편안함이다.

사람들은 종종 "언제까지 그렇게 일할 수 있을 것 같냐"며, "그 에너지를 아끼라"고 말한다. 난 혼자 잘나서, 혼자 힘으로 다 해낼 수 있어서 여기까지 온 게 아니다. 함께 하는 가족, 동료들이 없었다면 지금의 내가 될 수 없었다. 어쩌면 이 자리에 함께 하는 동료들은 집에 가서 쉬고 싶은 마음이 한가득일 수도 있다. 어쩌면 힘들고 불편함을 내색하지 않는 일에 너무나도 능숙해서 내가 눈치채지 못하는 것인지도 모른다. 함께 솥뚜껑 위의 삼겹살과 김치를 주거니 받거니 하는 그들은 나와 같은 마음일까?

'알게 뭐야. 내가 아끼고 사랑하는 마음만은 사실인 걸.'

그렇게 솥뚜껑 위의 고기처럼, 오늘 하루도 익어간다.

목소리를 내지 않으면
아무 일도 일어나지 않는다

나는 19살까지 학교 공부에 흥미를 가져본 적이 없었다. 서러울 정도로 가난했고, 지독한 문제아였다. 그런데 40대 중반인 지금, 성악가, 작사가, 지휘자, 예술경영가, 대기업 이사, 연구소 소장, 방송인, EBS 라디오 진행자, 한경 arteTV 뉴스 앵커, 경희대학교 대학원교수로 살아가고 있다. 오페라마 시각, 예술상인 등을 필두로 한 총 다섯 권의 단행본을 출간한 작가이기도 하다.

지나가는 해프닝처럼 성악을 시작한 지 25년. 어릴 적 내 모습을 알고 있는 이라면 그 누구도 상상할 수 없을 길 위에 올라와 있다.

나를 이곳에 데려다 준 것은 바로 다름아닌 '목소리'라고 생각한다. 언젠가 미국의 한 대통령이 연설 중 "Your voice can change the world(당신의 목소리가 세상을 바꿀 수 있습니다)."라고 말하던 순간이 잊혀지지 않는다. 꼭 나를 향해 던진 메시지처럼 뇌리와 가슴에 날아와 박힌 것만 같았다.

우리는 일상적인 대화, 전화 통화, 사람들과의 만남, 노래 부르기 등 다양한 활동에서 스스로의 목소리를 활용한다. 교사, 강연자, 통역사, 음성 배우, 가수, 상담사 등 목소리를 주요 도구로 사용하는 직업은 일일이 열거하기 어려울 정도로 많다. 클라이언트를 만날 때 어떤 목소리로 대화를 이끌고 어떤 단어를 구사하는지, 목소리에 흔들림이 있었는지에 따라 계약의 성패가 갈리기도 한다.

내게서 뻗어나가는 목소리는 곧 나 자신이 지닌 본질의 가장 가감없는 현재적 표현인 법이다.

그렇다면 온 세상의 소음과 잡음들 속에서 묻혀버리고 잊혀지는 이른바 비주류 목소리, 그리고 그러한 와중에도 살아남아 대기를 뚫고 뻗어나가는 주류의 목소리를 구별짓는 요소는 과연 무엇일까?

'숨쉬기와 호흡이 중요하다.'
'음성의 근육 강화를 시작해야 한다.'
'목소리의 높낮이와 강도조절이 필요하다'

스피치와 발성 강사들이 하나같이 연단에 들고 올라서는 기술적인 주장들이다. 그러나 현실적으로 그런 기술들은 백 날 배워도 실전에서 별다른 효용성이 없다. '대체 어떻게 목소리를 사용해야 나를 온전히 담고 뻗어 나가게 할 수 있는가?' 우리는 이와 같이 자문하고 그에 대한 답을 찾아내야 한다. 나의 개인적인 답변은 다음과 같다.

"기회가 주어졌을 때, 혹은 목소리를 내어야 할 때 가장 나다운 목소리를 내는 것이 첫걸음이다."

사람들은 대부분 공식 석상에서 스스로의 생각과 의견을 담아 목소리를 내는 일을 부담스러워하고 어려워한다. 결과적으로 제 때 '내어 마땅한 목소리'를 내지 않고 침묵한 채 고민만 하다가 기회를 날리거나 어긋난 타이밍을 뒤늦게 쫓곤 하는 것이다.

'목소리를 냈다가 다들 날 이상하게 보면 어쩌지?'
'지금 내가 말해도 되는 상황인가?'

남들의 시선을 걱정하던 중 결국 입은 열릴 기회조차 얻지 못한다. 두 말할 것도 없이 '제 때'는 저만치 흘러가버린 뒤다. 결국 아무 일도 일어나지 않는다. 목소리를 내지 않은, 혹은 내지 못한 까닭이다.

우리나라의 경우 이러한 양상이 특히나 두드러진다. 예부터 유교 중심의 문화와 사상이 깊이 뿌리내린 사회이기 때문이다.

'어른들 앞에서 먼저 말하면 안 돼.'
'예의를 지키며 말해야 해.'
'입밖으로 꺼내기 전에 신중하게 생각하고 또 생각해야 해.'
'침묵은 금이야.'

그러나 침묵이 금일 수 있는 것은 스스로의 목소리 역시 황금처럼 다룰 수 있는 이에게만 주어지는 특권이다. 늘 입을 다물고 있는데, 금인지 은인지 진흙인지 판단할 근거가 대체 무엇이란 말인가.

나는 성악을 전공하면서 귀가 아플 정도로, "사람들 앞에서 함부로 노래하면 안 된다.", "예술가에게는 신비감이 있어야 한다."고 교육받았다. 과거에는 나보다 나이가 많은 사람 혹은 권위 있는 사람 앞에서 무조건 순종하는 것이 예술가로서 살아남을 수 있는 유일한 길이었고, 나는 항상 감정은 물론 주장까지 억누르며 살아야 했다. 목소리를 함부로 냈다간 자기주장이 강하고 사회성이 부족한 문제아로 낙인찍히기 십상이었던 시절이었던 까닭이다.

반면 오늘날의 사회는 그 시절과 사뭇 다른 분위기다. 유교 사상이라는 탈을 잘못 뒤집어 쓴 사회적 극단주의가 만연하던, 그야말로 꼰대가 하늘이고 진리였던 시대가 아니다. 자기 목소리를 내고 자신을 잘 홍보하며 가치를 높여가는 이들이 득세하는 시대이다. 이제는 자기 목소리를 낸다고 이상하게 보거나 삶을 송두리째 거꾸러뜨리려는 이들이 거의 존재하지 않는다. 그럼에도 많은 이들은 여전히 관성처럼, '괜히 목소리 내지 말자'라며 스스로에게 명령 아닌 명령을 내리고 있다.

유교 사상은 현 시대의 흐름에 걸맞지 않은 스스로에 대한 핑계와 합리화의 수단으로 이용되어서는 안 된다. 내어야 할 목소리를 내는 일, 그리고 온전한 유교적 사상에서의 인의예지는 분명 양립하고 공존할 수 있는 개념이라고 나는 굳게 믿는다.

그 어느 시대보다도 현대인들은 타인의 시선을 중요하게 여기며 살아간다. 인구밀집지역의 폭증, 교통 및 통신 기술의 눈부신 발전, SNS의 등장까지 마치 타인의 관심과 시선이라는 불길 위에 기름이 쏟아지는 형국이다. 쉽게 말해 남들의 시선과 생각에 무감각할 수 없는 시대가 도래해 버린 것이다. 이럴 때일수록, 모든 상황이 명확하게 한쪽으로 쏠린 상황일수록 주저없이 반대 방향을 바라보고 향할 수 있는 용기를 내야 한다. 용기는 의지의 발로이며, 의지는 오로지 '행동과 목소리'를 통해서만 드러날 수 있는 법이다.

성악의 길에 들어선 이후 나는 줄곧 달려왔다. 기초예술가와 예술경영가로서의 정체성을 동시에 확립하기 위해 나만의 길을 개척하기 시작한 15년 전부터는 그야말로 전력질주였다. 더 이상 육상부도 아닌 내게 있어 전력질주란 다름아닌 '스스로의 목소리를 내는 일'뿐이었다. 처음으로 용기내어 목소리를 낸다고 갑자기 삶이 드라마틱하게 변하지는 않는다. 믿기지 않을 기적이 일어나지도 않는다. 하지만 스스로 뗀 첫걸음이라는 것만은 분명하다. 첫 걸음마를 뗀 아이의 목적지가 한라산 정상일 수는 없지만, 언젠가 산 정상에 도달하기 위해서는 우선 스스로의 힘으로 걸을 수 있는 힘을 한 발 한 발 내딛으며 길러내야 한다.

나는 목소리가 매우 크고 추진력이 강하다고 평가받는 편이다. 물론 어느 정도는 맞는 말이지만 그와 동시에 많은 경우 조용히 상황을 관조하고 싶은 사람이기도 하다. 앞장서서 일을 추진해야만 하는 상황이 내키지 않을 때도 많다.

실제로 코로나로 인해 모든 공연과 활동이 잠정적으로 연기되었을 때, 나는 모든 외부와의 교류를 끊은 채 만화방에 틀어박혀 하루종일 만화에만 몰입하기도 했다. 아무 일도 일어나지 않고, 마음이 편해지지도 않은 채 시간만 흘렀다.

'이렇게 있다간 아무 일도 일어나지 않아.'
'이러한 성질의 침묵은 열심히 살아왔다 자위하던 스스로에 대한 자기연민에 불과해.', '목소리 내는 것을 멈추지 마.'

여러 가지 계기가 있었지만 나의 칩거는 여러 현실 속 문제들을 일으키기 시작했고, 세상은 틀어박힌 나의 문제 의식들을 다시 두들겨 깨우기 시작했다. 가까스로 인식 전환에 성공한 나는 문밖으로 나와 다시 목소리를 내기 시작했고, 영업을 재개했다. 언젠가 코로나가 종식된 미래의 무대들을 꿈꾸며 잠재적 공연 일정을 하나씩 쌓아나갔던 것이다.

'스스로의 목소리를 내지 않고 외부의 영향력에 억눌린 채, 편치 않은 마음인 채, 연이어 정신승리와 자기합리화만을 좇는 삶을 살 것인가?'

혹은, '스스로의 목소리가 세상을 향해 뻗어 나가며 뚫어내는 활로를 당당히 걸어나가는 주도적인 삶을 살 것인가?'

> 목소리가 중요하지 않다고
> 생각하는 여러분에게,

오랜만에 만난 지인과 함께 저녁식사를 하며 서로의 근황 나누던 중, 요즘 가장 큰 재미를 느끼는 일에 대해 이야기를 나누게 되었다. 나는 글을 쓰는 중이며 출간을 목전에 두고 있음을 알려주었는데 그 지인은 어떤 주제로 집필이 이루어지고 있는지 몹시 궁금해 했다.

"어떤 주제의 책이죠? 정말 궁금하네요."

"목소리를 주제로 글을 엮어보고 있습니다. 제가 목소리 하나를 기반으로 여기까지 오게 된 인생이다 보니, 이야기를 잘 엮다 보면 누군가에게는 도움이 될 수도 있지 않을까 하는 생각이 들었습니다."

"목소리와 관련된 책이라…. 의외네요. 그럼 보이스 트레이닝, 뭐 이런 실용적인 내용이나 예술인으로서의 노하우를 담은 책인가요?"

"아닙니다. 제가 목소리를 어떻게 설계하면서 살게 오게 되었는지, 실제 에피소드와 사적인 견해를 적절히 섞는 구성입니다. 독자들로 하여금 자신의 목소리를 어떻게 설계해야 할 지 그 방향성과 원동력을 제시하는 책이 되었으면 하는 바람이구요."

"음…. 과연 사람들이 이 책을 궁금해할까요?"

"네?"

"사실 전 성악가가 아니어서 물리적인 목소리에는 거의 관심이 없습니다. 예술을 전공하지 않은 독자 입장에서 과연 관심 가는 주제가 될 수 있을까요? 여기에 대해 생각해 보신 적 있으신지요?"

솔직한 의견을 나누어 준 지인에게 참 고마웠다. 그의 견해를 듣고 나는 그 의미를 곱씹으며 숙고하는 시간을 가졌고, 이 책의 방향과 근본적인 집필 의도를 단단하게 확립할 수 있었다. 그야말로 bravo!

"성악가가 아니기에 목소리라는 주제에 별로 관심이 없다"는 말은 다르게 표현하자면 사람의 목소리가 그 삶에서 얼마나 중요한 역할을 하는지 제대로 인지하지 못하고 있다는 의미였다. '어떻게 목소리에 관심이 없을 수 있지?' 하는 의문이 들었던 나는 곧장 머리를 끄덕이며 수긍할 수밖에 없었다. 성악 전공자로서 25년간 목소리만 생각하며 살아 온 내가 다른 이들에 비해 목소리를 훨씬 중요하게 여기는 것은 너무나도 당연했다. 누구나 가졌기에 그 가치가 평가절하되고, 일상에서 당연하게 활용하기에 그 가치가 충분히 제고되지 않는 목소리. 지인과의 만남을 통해 목소리의 중요성,

다양성에 대해 더욱 크게 외치며 강조해야겠다는 열망이 더욱 끓어오르기 시작했다.

오늘은 당신의 일생에서 가장 중요한 날들 중 하나이며, 앞으로의 삶을 송두리째 뒤바꿀 가능성을 가진 미팅을 앞두고 있다. 그동안 공들여 개발한 제품을 클라이언트에게 선보이는 자리이며, 이 제품이 어떤 제품인지, 어떤 매력을 지니고 있는지 스스로 연단 위에 올라서서 발표해야 한다. 또한 이어지는 잠재적 클라이언트들의 쏟아지는 질문 세례에 일일이 성실한 답변을 내어놓아야 한다. 발표가 끝난 뒤에는 흥미를 보이는 클라이언트들과 협상 테이블에 마주 앉아야 한다. 이 일련의 과정은 100억짜리 계약이 될 수도, 0원짜리 종잇장이 될 수도 있다.

미팅에 들어가기 전, 무엇을 가장 중요한 요소로 둘 것인가?

- 제품소개
- 목소리
- 외모

주변 지인 스무 명에게 설문을 던져보니 스무 명 모두 1번이라 답했다. 심지어 2번과 3번은 협상에 큰 영향을 끼치지 못할 거라는 의견도 있었다. 단정한 용모와 옷차림도 중요하지만, 제품을 잘 소개하는 게 가장 중요한 요소라 여기는 듯했다.

나는 그들에게 '그렇다면 공적인 자리에서 목소리는 어떤 역할을 하는지'에 대한 견해를 물었다. "음~ 아~ 아에이오우" 등 목이 메이는 상황을 피하기 위해 몇 차례씩 가다듬긴 하지만 그 외에 목소리에 대한 별다른 관리나 관심은 두지 않는다는 답변이 주를 이뤘다. 대부분의 사람들에게 목소리는 크게 중요한 요소로 여겨지지 않는다는 방증이었다. 지인들의 의견을 종합하면 협상을 위한 의사 소통에서의 중요도 순은 다음과 같았다.

제품 소개 〉 외모 〉 목소리

목소리를 기반으로 삶을 영위해나가는 사람으로서 진실이 궁금했다. 보다 정확한 정보를 위해 관련 논문이나 자료들을 찾아보았다. 그런데 과거의 한 논문에서 생각지 못한 이론을 발견할 수 있었다.

미국의 심리학 박사인 앨버트 메라비안(Albert Mehrabian)은 1971년 발간한 저서인 silent messages를 통해 인간 의사소통에 있어 상대에게 전달되는 이미지의 55%가 표정이나 자세, 외모 등 시각적인 요소들을 통하여 전달되고, 38%가 목소리를 통한 어조, 어투 등의 청각적인 요소로 전달되며, 나머지 7%만이 언어의 내용을 통해 전달된다는 이론을 소개했다. 이는 55-38-7 법칙'으로도 불리는 메라비안의 법칙(the law of mehrabian)으로도 널리 알려져 있다. 물론 이 또한 가설이기에 완전한 진리로 받아들이기에는 무리가 있다. 다만 적어도 우리가 일반적으로 떠올리는 수준보다 목소리가 소통에 있어 훨씬 강력한 힘을 발휘한다는 사실은 가늠할 수 있지 않을까.

"목소리가 좋다.", "보이스가 매력적이다"라는 말부터 "목소리가 너무 커서 부섭다.", "위압감이 든다"는 말까지 듣곤 한다. 목소리를 직업을 가졌으니 어떤 품평도 달게 들으려 한다. 때로는 "목소리가 별로"라는 말을 직접적으로 듣는 때도 있다. 사람인지라 기분이 좋게 받아들일 수 있는 말은 아니지만 모든 사람의 입맛에 맞출 수 없다는 건 누구보다도 잘 알고 있다. 이는 예술가의 숙명이자 시장에 놓인 상품이 당연히 겪는 일이라고 생각한다.

내 목소리에 대한 의견이라면 입맛에 맞건, 아프건, 씁쓸하건 모든 의견을 수용한다. 이는 목소리 광대의 숙명과도 같은 것이며, 이와 같은 과정을 받아들여 소화해내지 못하면 결코 다음 단계로 성장할 수 없다.

자기 목소리를 객관화하는 과정은 목표로 삼고 있는 자신의 이상적 형상을 위해 스스로를 조각해 가는 행위와도 같다. 나는 그 과정을 25년간 기꺼이 감내해 왔다. 목소리만을 위해 살아 온 내가 목소리의 중요성을 설파하는 것은 어쩌면 너무나도 당연한 일인지도 모른다. 심지어는 확증적으로 편향되어 있을지도 모른다. 그러나 그와 동시에 어쩌면, 목소리가 지니는 힘에 대해 그 누구보다 잘 알고 있는 사람일지도 모른다.

"목소리가 과연 관심을 모을 수 있는 주제일까요?"
"목소리가 그렇게 중요한 요소일까요?"

내 답변은 다음과 같다.

"지금이라도 그 중요성을 깨닫는다면, 인생이 바뀔지도 모릅니다."

목소리 트레이닝은
곧 망하는 지름길

나는 현재 모교인 경희대학교 대학원에서 박사과정 학생들을 지도하고 있다. 학생들 중 예술 전공자는 본인의 예술 활동과 더불어 실연, 제작, 기획, 홍보, 마케팅, 정책, 연구 등 다양한 분야에서 활동한다.

그리고 예술을 전공하지 않았지만 예술경영에 관심 있어 입학한 학생들도 있으며, 예술경영 실무에 대한 지도를 받고 싶어 입학을 결심한 학생들도 종종 있다.

예술경영 실무를 배우고자 입학한 한 학생이 있었다. 그는 매 수업마다 앞쪽 자리에 앉아 눈을 반짝이며 수업에 집중했다. 수업이 끝날 때면 상담을 요청해 질문이 빼곡하게 적힌 종이를 들고 질문을 퍼부었다. 실로 기특한 학생이 아닐 수 없었다. 그가 입학한 지 한 해가 지나가던 즈음의 어느 날이었다. 여느 때와 마찬가지로 수업이 끝난 뒤 날 찾아온 그가 말했다.

"교수님 여쭙고 싶은 게 있습니다만 잠시 시간 내주실 수 있으세요?"

"그래. 무슨 일이니?"

"교수님께서 목소리의 중요성을 강조하셔서 그동안 스피치 학원에 다녔습니다. 매일 아침 보이스 트레이닝 유튜브를 찾아보며 발성 연습도 했고요. 말을 잘하고 싶어서 책도 많이 읽었습니다. 그로부터 벌써 1년이 지났습니다만, 뚜렷한 변화가 느껴지지 않습니다. 어째서 매일 노력하고 있는데 저는 안 되는 걸까요? 결국은 타고난 목소리가 좋아야 성공할 수 있는 걸까요? 제게도 변화가 찾아올 수 있는 희망이 있는 거겠죠?"

"음…."

"저는 지금까지 누구보다 열심히 살았다고 자부합니다. 미라클 모닝부터 운동, 독서, 영어 공부, PDS 다이어리 쓰기, 글쓰기, 연구 등 안 해본 자기 계발법이 남아 있지 않을 정도입니다. 이곳 박사과정에 입학한 이유도 교수님께 가장 가까운 곳에서 배우고 싶어서였고, 교수님이 지도해 주시는 그대로 실천하고 있어요. 그런데 저는 왜 여전히 제자리걸음인 것처럼 느껴질까요? 가끔은 자신이 멍청한 것처럼 느껴져요. 대체 무얼 어떻게 얼마나 더 해야 교수님처럼 될 수 있는 걸까요?"

'나처럼 된다'라..

"지금 나이가 몇이지?"

"현재 33세입니다. 나이가 관련이 있나요?"
"내가 네 나이일 때 뭘 하고 있었는지 잠시 생각해 봤어."

"교수님은 그때부터 대단하셨을 것 같은걸요."

"아니, 볼품없었어. 볼품없었다는 표현보다는 형편없는데다 구제불능이었지."

"네? 설마 그랬을 리가요."

"네가 바라보고 있는 것처럼, 지금의 나는 누군가에게는 부러움의 대상일 수 있겠지. 그런데 나는 20~30대를 통틀어 단 한 번도 1등을 해본 적이 없었어. 그냥 단순무식하게 표현하자면 1등이 되고 싶고, 부자가 되고 싶고, 말 그대로 멋지게 성공하고 싶었어. 그런데 나도 당시엔 어떻게 해야 할지 모르겠더라. 지금처럼 유튜브로 가는 길이 친절하게 놓여 있지도 않았고 방법을 알려주는 사람도 없었지.

그 시절 예술로 성공하는 건 세계적인 주류 무대에 설 수 있는 예술가가 되는 방법뿐이었어. 그런데 아까 말했듯 난 단 한 번도 일등을 해본 적 없잖아. 언론에서 흔히들 말하는 최고의 예술 대학교를 나온 엘리트 코스도 밟지 못했잖아. 상식적으로 세계 유수의 무대에 설 기회가 내게 어떻게 오겠어? 33세 무렵의 세세한 일들이 바로 떠오르지는 않지만 분명한 선 이상과 현실의 괴리가 상당한 시절이었다는 기억이 난다."

스스로의 30대를 돌아보면서 나는 말을 이어 나갔다.

"우선, 지난 1년간 끊임없이 노력한 네게 잘했다는 칭찬을 하고 싶다. 아주 훌륭해. 희망 고문처럼 들릴지도 모르지만, 지금 마음과 자세 변치 말고 꾸준히 밀고 나가길 바란다. 지금 네가 보고 있는 나의 모습은 젊은 시절부터 가지고 있던 특유의 멧돼지같은 고집과 황소같은 꾸준함의 결과란다. 얼마나 서두르건, 얼마나 많은 일들을 한꺼번에 진행하고 있건 너나 내가 꿈꾸는 삶은 하루아침에 이루어지는 성질의 것이 아니야. 나 역시 15년간 온갖 상상과 희망고문, 현실과 이상의 간극을 악몽삼아 길몽삼아

하루하루를 살았다. 그동안 단 하루도 빼놓지 않고 잠들기 직전마다, '오늘도 살아냈다'는 안도의 한숨이 찍어낸 점들이 이어져 만들어 낸 그림이야. 그리고 더 큰 그림을 그리기 위해서 지금도 전혀 변치 않은 자세와 마음가짐으로 살고 있다. 만약 네가 여기서 멈춘다면 좋든 싫든 지금의 삶에 만족하며 살아가야 갈테지. 그와 반대로, 멈추지 않고 묵묵히 네 길을 밀고 간다면 장담컨대 네가 지금 감히 상상하지 못하는 그 너머의 결과가 찾아올 거야. 내가 장담해 줄 수 있는 세상의 작동 방식은 그것 뿐이야."

앞으로도 계속해서 강조하겠지만, 비주류와 주류를 가리지 않고 청중 모두를 사로잡기 위한 목소리란 단편적인 기술들을 연마하는 것만으로는 완성될 수 없다. 발성법과 호흡법, 스피치 방법을 배우는 것은 무대 위 아티스트가 돌아가는 원리를 파악하게 해줄 뿐 스스로의 삶에 드라마틱한 변화를 가져다 주지는 않는다. 목소리의 본질이 아닌, 기술적인 부분에 몰입하고 집착하는 것이야말로 자기가 꿈꾸는 목소리로부터 멀어지는 최고의 지름길인 법이다.

이른바 '빠른 성공'이라는 목표에 도달하기 위해 수많은 유튜버들의 영상을 찾아보고 그대로 따라하는 행위도 마찬가지다. '이것만 따라 해도 월 1천만 원 벌 수 있어요', '하루 30분 투자해 30만 원 벌 수 있어요'와 같은 영상들은 스스로에게 진정 가치있는 성공을 이뤄내기 위해 헌신적인 노력을 쏟아야 하는 이들의 정신을 흐트려놓는, 일약 도파민 마약과도 같다. 물론 영상을 따라 해서 돈을 버는 사람도 있을 것이나 극소수일 것이며, 이는 지속적일 수도 없다. 결국 유튜브 영상들 역시 자본을 벌어들이기 위해 만들어 낸 콘텐츠임을 잊으면 안 된다. 결국 스스로 고민하고, 스스로 생각하고, 스스로 길을 찾지 않는 이에게 세상은 어떤 형태의 성공도 쥐어

주지 않는 것 같다는 생각이 든다. 이쯤되면 다음과 같은 가장 본질적인 의문이 떠오를 시점이다.

'그렇다면 목소리의 본질이란 과연 무엇인가?'

감히 내가 목소리의 본질에 대해 보편적인 정의를 내릴 수 있다고 생각치는 않는다. 가당치도 않다. 다만 개인 노트에 정리해 둔 사견을 공유하자면, 목소리의 본질에 대한 나만의 정의는 다음과 같다.

'자기가 가는 길과 방향에 확신을 가지는 이의 행동패턴, 언어패턴에서 드러나는 일관성과 힘.'

나와 한 시간 이상 대화를 나눈 그 학생은 이후 어떤 선택을 했고 어떤 길을 가고 있을까? 옳은 선택을 했을거라 믿어 의심치 않지만 당시 그 학생에게 못다 한 이야기를 책으로 전하고 싶다.

"혼자서 아무리 시뮬레이션을 돌리고 연습해도 실전에 뛰어들지 않으면 현실적으로 성장하지 못해. 연습은 연습일 뿐 실전이 아니기 때문이야. 물론 우리가 해 온 예술의 형태는 늘 완벽을 추구하기 위한 연습의 연속이었지. 그렇다면 이제 세상으로 나아가 부딪혀가며 스스로를 시험하고 기꺼이 모든 도전을 감행하고 받아들여야 할 때야. 너는 충분히 나아갈 준비가 되었어. 이젠 세상으로 나와 네 실력이 어느 위치에 있는지 파악해 볼 때야. 길은 순탄치 않을 거고, 그 과정에서 많은 상처도 받을 거야. 다른 이들과 끊임없이 비교당할 것이고, 스스로를 의심할 정도의 좌절감도 맛볼 거야.

하지만 동시에 그것만이 세상 속에서의 자기 위치를 객관적으로 깨달을 유일한 길이자 가장 **빠른** 길이야. 겁낼 필요는 없어.

실패를, 패배를 두려워하지 말고 세상 밖에서의 소소한 성공부터 목표로 삼아보자. 그게 가능하다면 거기서 멈추지 말고 한 걸음씩만 더 나아가보도록 하자. 그렇게 한 걸음 한 걸음 뚜벅뚜벅 나아가다 보면 앞으로 발을 내딛는 행위 자체에 자신감과 확신의 중량이 점차 실리게 된다. 스스로가 나아감을, 그 길이 나 있는 방향을 믿을 수 있게 된 자의 발걸음은 묵직하고 육중하게 변해가고, 그만큼 스스로의 본질적 목소리도 그 중심을 확립하는 거란다.

나아가기 시작하는 것, 그리고 멈추지 않는다는 것. 이 두 가지만 지켜낼 수 있다면 성공, 그리고 승리는 보장되어 있을 수밖에 없다. 지금으로부터 10년 후의 네 모습이 기대된다. 그 누구보다 빛날 수 있는 네 미래를 응원한다."

확신, 가장 빠르고
확실한 내비게이션

 이 책을 읽고 계시는 독자분들 중 대부분은 어쩌면 예술가 정 경을 방송이나 무대, 강연, 행사 등에서 만난 적 있는 분들일 가능성이 높다고 생각한다.

 서로 다른 형태의 공연에서 나는 각기 다른 목소리를 사용한다. 서로 다른 무대의 나를 접한 분들이라면, 혹은 목소리에 민감한 분들이라면 어쩌면 각 무대 유형별로 들려오는 정 경의 목소리가 서로 다르다는 사실을 눈치 챈 분들이 있을지도 모른다.

 성대의 위치나 목소리 톤, 분위기, 발음 등을 미세하게 조절하여 역할이 바뀔 때마다 목소리의 세팅값을 바꾼다. 각 직업에 맞추고 조절하면서 가장 최적의 목소리를 끌어내는 것이다.

 상대적으로 목소리를 많이 사용하는 성악가나 방송인, 교육자들은 나의 이러한 활동 방식을 신기하게 여기곤 한다.

 내가 성우였다면 괜찮다. 문제는 내가 성악가라는 점이다. 하루에도 몇 번씩 목소리를 바꾸어 가며 발성하는 행위는 목에 큰 무리를 가져다 준다. 성악가들 사이에선 이러한 형태의 목 소모를 가장 피해야 할 행위로 여기고 사실상 금기시한다. 성악가의 악기는 다름아닌 목소리이며, 성악 활동이 가능한 목의 수명은 사람마다 정해져 있다. 즉 목을 많이 사용할수록 성악가로서의 일생이 줄어드는 것이며, 마치 투수의 어깨처럼 목을 혹사할수록 그 기간은 더욱 급격히 짧아진다. 목 관리에 최악에 가까운 활동 방식을 몇 년째 유지하고 있는 나는 주위의 우려를 자주 듣는 편이다.

"언제나 목을 따뜻하게."
"감기에 걸리면 아무 일도 할 수 없어."
"성악 발성과 진행자 발성이 다르니 목에 굉장한 피로가 올 거야."
"성대의 충전과 휴식을 위해서 하루에 최소 7~8시간은 자야 해."
"평소에도 최대한 말을 많이 하지 말고 목을 쉬게 해."

여기서 처음 밝히건대 나는 그중 어느 것도 지키지 않는다. 많은 이들이 내게 어떻게 목을 관리하는지 묻지만 나는 늘 '신경 써서 관리하고 있다'며 얼버무리곤 한다. 목을 관리하는 나만의 비결은 어떤 비밀스런 목 관리 레시피나 마법같은 요령과는 거리가 멀다. 다양한 목소리를 자유자재로 넘나드는 나만의 비결은 바로 '스위치-온', 바로 의식적인 초집중을 통해 무의식적인 잠재력을 활성화하는 기술이다.

이는 일종의 마음가짐으로서, 추구하고자 하는 일이나 방향에 있어 제동력이나 역풍으로 작용할 수 있는 모든 부정적인 생각과 두려움을 전면적으로 소거해버리는 심리적 작업을 필요로 한다. 이는 비관적인 마음과 두려움을 애써 무시하거나 외면하는 것이 아닌, 그러한 심리 상태 자체를 인지하고 있는 그대로 받아들이되 실제적인 영향을 받는 것은 모든 중요한 일이 끝난 뒤로 미뤄둔다는 자기 확언과도 같다.

'실패할 가능성이 보인다.'
'저 연결고리가 약해서 설득력이 떨어질까 걱정돼.'
'과연 나는 잘할 수 있을까?'

자연스럽게 찾아드는 걱정과 두려움을 느끼는 순간, 나는 일단 '두렵다', '걱정된다', '자신이 없다'는 스스로의 상태를 그대로 받아들여 인정해 버린다. 동시에 나 자신을 설득한다.

'두렵고 걱정되고 또 염려되는 부분들이 있는 건 사실이야.'
'하지만 지금은 그러한 마음과 기분에 발목잡힐 여유가 없어.'
'그러니 당장은 눈앞에 놓인 일을 밀고 나가는 일에만 집중하고, 지금 문간에 찾아와 있는 두려움과 우려들에게 잠시 기다리라고 한 뒤, 일이 다 끝난 뒤에 나를 맘껏 괴롭히고 적실 시간을 주자.'

예를 들어 '운전은 무서운 것이며, 사고가 날 것 같다'는 의식이 기저에 깔린 A가 있다고 하자. 특별한 계기나 결심, 벗어나려는 노력이 없는 한 그는 운전에 대한 두려움이 무의식에 각인된 상태로 살아간다.

'아니, 그게 말이 돼?'
'그렇게는 할 수 없겠지'
'무리하지는 말자'
'안정적인 길이 좋겠어'

부정적이고 두려움에 잠식된 목소리가 마음과 뇌를 마음껏 떠돌게 방치하는 순간 그 상황들은 더욱 빠르게 세를 불려나가다가 결국 현실화되기까지 한다. 반면 무의식을 긍정적인 방향으로 활용하는 B가 있다.

'할 수 있어'
'크게 신경쓸 일 아니야'
'아무도 간 적이 없다고 해서 못 가는 건 아니지'
'정작 두려워 할 일은 100 가지가 넘는 과정 중 한두 순간에 불과해'

10년 후 A와 B는 과연 얼마나 다른 삶을 살고 있을까? 경험을 바탕으로, 주위의 사례들을 바탕으로 확언컨대 그들은 그야말로 천지차이인 삶을 살아갈 것이 자명하다.

스스로가 원하는 삶을 정확하고 빠르게 끌어당기기 위해서는 그러한 방향으로 나아가고자 하는 동력의 반대 방향으로 작용하는 마찰력과 제동력으로 작용하는 부정적 사고와 그로부터 함축된 부정적 단어들을 소거하거나 최소한 멀찌감치 밀어내 두어야 한다. 어쩌면 수많은 자기계발서에 등장하는 너무 뻔한 말인지도 모른다.

'부정적인 생각과 두려움에 먹이를 주지 말고 제거하라.'

내 마음 세팅 방식에 유일하게 다른 점이 있다면 그건 바로 '부정적인 생각과 두려움을 있는 그대로의 현상이자 팩트'로 받아들이고, 그 지점에서부터 스스로와 협상을 시작하는 것이다.

'내게 일어난 부정적인 생각과 두려움이 분명 존재한다. 하지만 지금은 그에 잠식될 여유가 없으니 우선 눈앞의 길부터 통과하는 일에 모든 힘을 집중하고 난 뒤 그들을 마음의 집에 들여 상대하도록 하자.'

이는 내게 있어 그 어떤 내비게이션이나 선구자보다 빠른 길이었다. 물론 내가 터득한 나 자신에 맞는 방법이지 결코 누구에게나 통용될 수 있는 방법론이자 보편적인 진리일 수는 없다. 나도 지금의 확신으로 가득한, 일관성 있는 목소리를 갖추기까지 오랜 세월 수없이 많은 시행착오를 겪었다. 좌절과 환희, 불안과 소소한 성공들을 거듭하며 마치 근육을 키워나가듯 점차 사용하는 중량을 올려갔다.

어떤 길을 마스터한다는 것은 우선 '문제의식(recognition)'을 갖고 '해결 방향(general direction)'을 모색한 다음, 물리적이고 현실적인 '해결책(tool/weapon)'을 찾아 자기 자신에 맞는 형태로 '미세-조정(calibration)'을 거친 다음, 성공을 거둘 때까지 끝없이 '반복(repetition)'하는 일련의 과정이자 여정이다.

나는 항상 일견 무모에 가까운 돌진을 통해 충격을 받아 깨지고 좌절하며 스스로를 극한에 몰아넣은 다음, 그러한 극한의 환경을 토대로 자신만의 '돌파법', '탈출법', 그리고 이에 수반되는 '근력'을 만드는 패턴으로 살아왔다. 이는 오로지 나의 천성, 성향, 성격에 맞는 패턴이며, 지구상에 존재하는 사람 수만큼 각자의 패턴이 존재할 것이다. 타인들이 지니는 모든 패턴에 대해 나는 조언할 입장이 아니며, 그럴 자격도 없다. 다만 다양한 패턴에 공통적으로 존재하는 오직 하나의 지점에 대해서 만큼은 확신을 가지고 조언할 수 있다고 믿는다.

"아무것도 미리 두려워할 것 없이, 우선 눈을 감고 자신의 '문제 의식(Recognition)'이 어디에, 혹은 어느 방향으로 가장 무겁게 놓여있는지를 조용히 판단해 봅시다."

무언가가 떠올랐다면, 이제부터 그 길로 나아갈지는 전적으로 여러분의 결심에 달려 있다. 다만 같은 상황에서 나아갔고, 여전히 나아가고 있는 한 사람으로서 나는 여러분에게 묻고 싶다.

"Why not?"

당신의 꿈은 무엇인가요

2023년 대졸자 채용 시장은 전년도에 비해 더욱 어려워졌다. 전 세계를 강타한 경기 침체로 인해 기업들은 불확실성에 대응하기 위한 긴축 경영에 돌입했고, 이로 인해 경쟁이 한층 더 치열해졌기 때문이다. 한 굴지의 대기업 관계자는 "연말까지 시장 환경과 기업 실적 전망이 모두 좋지 않아 채용을 늘릴 여력이 없다"고 공개적으로 선언할 정도였다. 이와 같은 경제 흐름으로 인해 취업 환경은 더욱 악화될 것으로 예상되며, 이는 언론을 통해 지속적으로 제기되는 우려와 난맥상을 통해 재확인되고 있다.

얼마 전, 특강 요청을 받아 서울대학교 학생들을 만났다. 사회 진출을 눈앞에 둔 대졸자들로, 현 취업난의 직격타를 맞은 학생들이었다. 모교인 경희대학교에서는 12년 넘게 박사 과정만 지도했기에 오랜만에 학부생들을 만나는 자리는 내게도 신선했다.

나는 곧 사회에 나가 취업 문턱을 넘어야 하는 이들에게 도움이 될 만한 통계 수치와 데이터를 소개하며 동기부여를 꾀하는 특강을 열었다. 그런데 학생들은 연신 핸드폰만 들여다 보았고, 강의실은 하품과 졸음을 참지 못하는 친구들로 가득했다. 화가 나기도 했지만 한편으로는 안쓰럽다는 마음이 들었다. 자타공인 대한민국 최고 대학 학생들의 눈빛은 하나같이 생기가 없었고, 억지 청강을 하는 것처럼 보였다. 나는 준비한 프레젠테이션 자료를 접어두고 학생들에게 물었다.

"여러분은 꿈이 무엇인가요?"

대답하는 학생이 아무도 없었다. 무미건조한 특강은 그대로 마무리 되었다. 셀 수 없을 정도로 교단과 연단, 무대에 섰지만 이토록 씁쓸한 뒷맛을 남기는 강연은 흔치 않았다. 학생들의 반응이나 호응을 떠나 그 자체로 대한민국의 미래를 엿볼 수 있는 장면이었기 때문이다.

며칠 뒤, 한 초등학교에서 중학교 진학을 앞둔 학생들을 위한 격려 및 동기부여 강연 요청이 들어왔다. 앞서 진행한 서울대 특강으로 인해 그때와 비슷한 분위기를 우려했지만, 그래도 다시 한번 설렘과 걱정을 함께 담은 마음으로 동일한 질문을 던졌다.

"여러분은 꿈이 무엇인가요?"

앞서 강의와는 다르게 서로 손을 들고 대답하려는 친구들이 있었다. 나는 가장 높이 손을 든 친구에게 답변할 기회를 주었고, 기대 속에 답변을 기다렸다.

"건물주요."

경제가 불확실한 시대에 인기 직업군으로 떠오른 '공무원'은 그간 답변으로 흔히 등장했지만 이는 예상 밖이었다. 한창 꿈을 갖고 성장해 나가야 할 초등학생의 꿈이 '건물주'라니. 다음 세대를 이끌어 갈 아이들이 무언가에 도전하고 이룩하고자 하는 의지가 큼직한 자본이자 자산 안정주의의 표본인 건물에 놓여있다는 사실이 안타깝다거나 개탄스럽다기보다는 그들이 보고 자라온 세상을 구성해 온 한 명의 어른으로서 참 '아팠다'.

동시에 머릿속에서 불현듯 '베테랑'이라는 단어가 떠올랐다. 베테랑은 프랑스어로 '어떤 기술에 숙련된 전문가'이다. 과거의 방송은 한 분야만 판 전문가들이 주를 이루었지만 오늘날은 그 흐름이 달라졌다. 즉 한 영역에만 머물러있기보다 주 분야에 기반을 둔 채 다양한 도전을 감행하면서 점차 영역을 확장해 나가는 것이 현대 사회에 더욱 적합해진 것이다. 또한 세상에 녹아들 수 있는 목소리를 갖추는 것보다 자신만의 개성적인 목소리를 갈고 닦으며 자기 혁신을 통해 성장을 기듭하는 이들이 세상을 주도하기 시작하는 모습을 보고 있다.

세상의 빠른 변화와 흐름 속에서 신속하게 찾아왔다가 떠나버리는 수많은 트렌드를 바라보며 나는 오히려 안정주의나 무사주의를 추구하는 일에 불안과 초조함을 느꼈다. 치열한 무대 위에 오르는 예술가로서 이는 스스로 도태되는 최단 루트라는 직감이 들었기 때문이다. 불확실한 직업이라는 생각 대신에 나는 다양한 목소리를 설계하여 두 마리, 아니 세 마리 토끼를 잡을 수 있는 능력을 길러야 한다는 판단을 내렸다.

직업은 지속적으로 변화하고 미래의 트렌드는 예측하기 어렵다. 이들의 한 생존 주기(survival cycle)마저 점차 짧아져 가는 현실 속에서 다양한 분야를 동시에 탐험하고 성장해 나가지 않으면 언젠가 스스로를 돌아보며 수많은 후회를 할 것이라는 생각이 들었다. 지금으로부터 약 20년 전부터 걷기 시작한 길이지만 광폭 행보를 이어나가는 방식에 있어서는 어떠한 변화도 주지 않았다.

여전히 나는 끝없는 성장과 발전을 목표하고 있으며 퇴근길부터 다음 출근길까지 끊임없이 스스로의 목소리를 돌아보며 새로운 가능성을 모색, 탐구하기를 반복한다.

특강에서 학생들에게 던졌던 질문을 지금의 내게 넌지시 던져 본다. 더한 말썽꾸러기가 없었을 정도의 학창시절, 어머니의 눈물로 인한 복수심에 음악가의 길을 택했다. 새옹지마처럼, 그 덕에 현재는 라디오 MC, 뉴스 앵커, 교육자, 성악가, 작가 등 다양한 직업을 가지고 살아간다.

어릴 적부터 정해 놓은 지순한 꿈은 없었지만, 영혼과 기억이 깊숙하게 박혀 있는 수많은 목소리들을 따라 오늘 이곳에 와 있다. 수없이 반복하지만, 이 모든 여정은 아직도 현재 진행형이다.

이 장을 읽은 여러분에게도 질문 하나를 던지고 싶다.

"당신의 꿈은 무엇인가요?"

제 4장

정경의 어느 날,

| 곰팡이 냄새가 풍기는
| 어느 만화방

아침에 눈을 뜨자마자 몸 상태가 어딘가 이상했다. 지난 밤에도 어떻게 잠들었는지 잘 기억이 나지 않을 만큼 순식간에 곯아떨어졌는데 최근 너무 강행군을 했나 싶다. 몸을 일으키다가 다시 풀썩 베개 위로 쓰러져 곰곰이 따져보니 지난 한 달간 단 하루도 쉬지 않았다. 목이 부어 있는지 목소리도 잘 나오지 않았다.

이른 출근과 늦은 퇴근.
불규칙한 스케줄로 거르지만 않아도 다행인 식사.
달고 사는 편두통.

몸에 이상 신호가 찾아온 것은 당연한 일인지도 모른다. 어쩌면 몸이 혹사 속에서도 상당히 오래 버텨주었다는 생각도 든다. 매일같이 한계치를 넘나드는 에너지를 쏟아내며 무리해왔음은 나 자신이 그 누구보다 잘 알고 있다. 주기적으로 겪는 일이지만 이번 이상 신호는 곧바로 대응하지 않으면 장기화되거나 심각해질 조짐이 보였다. 우선 몸이 보내는 경고를 순순히 받아들이기로 했다. 우선 모든 일정을 취소하고 그간 밀린 잠을 청한다.

끝이 보이지 않는 길을 정처 없이 헤맨다. 뒤를 돌아보자니 무섭고, 전진하자니 그 끝을 가늠할 수 없어 선뜻 용기가 나지 않는다. 덩그러니 혼자 남겨진 상황. 주변엔 '무엇'이라고 부를 만한 것이 아무것도 없다. 두 발이 놓인 곳이 땅인지 허공인지도 분간이 어려운 공간에서 지푸라기라도 잡고 싶은 마음이 든다. 하지만 시공간을 초월한 세계에서의 나는 그저 무력하고 초라한 의식 한 조각에 불과하다. 과연 여기서 벗어날 수 있을까. 실마리가 보이지 않으니 일단은 실낱같은 희망이라도 때까지 혼자 견디어 보자. 사실 다른 뾰족한 수가 없어서 견디고 또 버텼다. 얼마나 시간이 지났을까, 어둑해지고 희미해져 가던 시야 한 구석에 수평으로 펼쳐진 듯한 은빛 실 한 올이 보이기 시작한다. 빛이다. 명도가 낮고 대비가 짙은 흑백 세상 속에서 실낱같은 빛줄기는 매우 환하게 다가왔다. 주위를 휘감은 어두운 공간, 점차 변해가는 공기가 피부에 와닿기 시작한다. 어디선가 들려오는 익숙한 소리가 점차 커져가며 조금씩 귓가로 다가온다. 소리의 진원이 귓속으로 쑥 들어오면서 나는 깜짝 놀라 눈을 뜬다. 옆에선 전화벨이 울리고 있다.

'하, 꿈이었구나. 너무나 생생해서 자각조차 못했군. 그런데 누구 전화지?'

휴대폰을 확인하니 직원의 전화였다.

"여보세요?"

"이사님. 잠시 통화 가능하세요?"

"응, 얘기해."

"오늘 몸 컨디션이 별로 좋지 않으시다고 들었어요."

"어떻게 거기까지 소문이 다 난거지. 괜찮아. 덕분에 잘 쉬고 있다."

"오늘은 쉬셔야 할 것 같아서 연락 안 드리려고 했습니다만, 꼭 전달드려야만 하는 소식이라서요. 다름이 아니라 저번에 공연 계약하기로 했던 K 그룹에서 갑자기 계약 이행이 어려울 것 같다고 연락이 왔습니다. 어떤 이유 때문인지 문의드렸지만 내부사정이라고만 하면서 딱히 설명이 없어 저희도 당황스러운 상황입니다."

"그렇구나. 그냥 알겠다고 해라."

"네? 계약을 일방적으로 취소했는데, 그냥 알겠다고 하라고요?"

"그래. 그냥 알겠다고 하고, 너도 더 이상 신경 쓰지 말아."

"그래도... 공연 계약을 위해 지금껏 이사님이 공들이신 과정이 있는데..."

"괜찮아. 우리를 원하지 않는 곳이라면 나도 거기서 좋은 공연을 할 수 없을 것 같거든."

"…."

"아무튼 그런 줄 알고, 난 좀 쉬어야 해서 이만 끊는다."

"네, 알겠습니다. 푹 쉬세요!"

평소 같았다면 당혹감과 충격에 휩싸여 화를 내거나 짜증을 주체하지 못했겠지. 몸 컨디션이 너무 저조한 탓인지 힘이 들어가지 않는다. 꿈지럭 댈수록 몸에 힘이 더 빠지는 것만 재확인할 뿐이다. 괜히 꿈자리 탓을 해본다. '꿈에서 비친 실낱같은 그 빛이 희망과 행운을 의미하는 빛인 줄 알았더니, 혼자만의 희망회로였나보네.' 중얼중얼 구시렁대다가 또다시 잠에 든다.

다시 눈을 떠 창밖을 보니 이미 날이 어둑하다. 직원과의 통화로부터 적어도 4시간은 족히 잠들어 있었던 듯하다. 몸 컨디션은 아까보다 많이 올라와 있다. 평상시의 양복 차림 대신 편안한 차림으로 집을 나선다. 몸 상태는 어느 정도 회복, 스케줄은 모두 취소해 오랜만에 주어진 자유 시간이다. 다만 무엇을 해야 할지 모르겠다. 잠시 운전석에 앉아 고민하던 중 무언가가 번뜩인다. 신이 난 나는 손바닥으로 핸들을 치면서 가속페달에 발을 얹는다.

종로의 한 공영주차장에 주차를 마친 뒤, 뒷골목들 중에서도 좁은 골목들을 지나 도착한 곳은 작고 허름한 건물 앞. 건물 정면 출입구가 아닌, 지하로 연결되는 옆쪽 작은 쪽문을 열고 아래로 내려간다. 언뜻 보기에도 먼지가 수북이 쌓인 형광등은 가까스로 불빛을 내면서 끊임없이 깜빡인다. 지하의 퀘퀘한 곰팡이 냄새가 코끝을 건드린다. '제대로 찾아왔구나.' 아래로 향하는 계단 끝에 놓인 수상해 보이는 철제 문을 열자 펼쳐지는 광경이란. 과연 내게 이보다 더한 천국이 있을까 싶은 장소였다.

다름아닌 오래된 만화방.

이게 얼마 만에 오는 만화방인가! 아니, 얼마만에 만끽하는 일상으로부터의 해방, 그 이름 자유인가. 다들 한손에는 만화책, 다른 한손에는 어묵 핫바나 핫도그를 들고 있다. 대부분 나와 비슷하거나 좀 더 많은 40~60대 남성들이다. 다들 저보다 편할 수 있을까 싶은 각자의 자세로 만화 속 세상에 빠져들어 있다. 이곳 역시 내가 녹아들 세상이다.

매일 타이트하게 껴입던 서양식 정장을 집어 던지고, 편안한 차림으로 찾은 나만의 안식처. 오늘만큼은 내게 가장 잘 맞는 옷을 입은 듯한 느낌이 든다. 결코 넓다고는 할 수 없는 만화방을 최대한 천천히 한 바퀴 둘러보면서 해방감과 자유로움을 만끽한다.

그동안 즐기기는 커녕 구경조차 못하던 이른바 불량식품들을 한 움큼 집어든 채 라면과 핫바까지 넉넉히 주문한다. 간식들이 준비되는 동안 가장 좋아하는 만화책인 슬램덩크 전집 31권을 몽땅 챙겨 자리를 잡는다. 거대한 몸뚱아리를 이리저리 뒤척이며 가장 편안한 자세를 찾는다.

아침에 느낀 몸의 무거움과 감기몸살 기운은 마치 꾀병이었던 것처럼 온데간데없다. '이쯤되면 그냥 놀고 싶었던 거 아냐?'라는 의문까지 든다. 그저 행복하다. 머쓱해진 채, '인생 뭐 있나, 다 이러려고 사는 거지.'라면서 아재들 틈에서 누구보다 가장 아재인 형상으로 널브러진다.

"라면이랑 핫바 나왔습니다."

잔뜩 주문한 음식과 과자를 한아름 안은 채 자리를 잡는다. 라면은 3분만에, 핫바들은 1분도 채 걸리지 않아 모두 사라졌다. 그래도 입이 아쉬워 옆에 쌓인 과자를 뜯어먹으며 슬램덩크를 읽기 시작한다. 얼마나 시간이 흘렀을까? 그 많던 전권을 다 읽어 버렸다. 북산고 강백호. 서태웅. 정대만. 송태섭. 채치수. 이한나. 그리고 안 선생님까지. 모두가 각자의 역할에서 최선을 다하며 엄청난 시너지의 팀워크를 뿜어내고 있었다. 진정한 원팀을 보며 비록 가상의 이야기임에도 혼자서 감탄에 감탄을 거듭하고 만다. 마지막 책장을 덮고 보니 정말 오랜만에 가져 보는 나만의 시간이었다. 마침 몸 상태가 한계에 달해 하루 일정을 모두 취소하게 되면서 밀렸던 수면도 어느 정도 챙길 수 있었고, 한동안 상상만 하던 만화방에 방문해 원없는 시간을 보냈다.

찰나와도 같은 휴식을 통해 나는 또다시 더욱 멀리 나아갈 힘을 얻는다. 삶의 원동력이란 참 여러가지 형태로 주어지곤 한다.

사람
보는 눈,

기지개를 켜고 시계를 올려다 보니 벌써 한밤중 11시를 넘어가고 있다. 서둘러 자리를 정리하고 만화방에서 빠져나와 집으로 출발한다. 운전대를 잡고 막 출발하는데 전화벨이 울리기 시작한다. 이 야심한 밤에 누구지? 고개를 갸우뚱하며 발신자를 확인하니 오늘 아침 공연 계약을 일방적으로 취소한 K 그룹 회장님으로부터 걸려온 전화였다. 하루 종일 잠겨 있던 목을 잠깐 가다듬은 다음 전화를 받았다.

"안녕하십니까. 회장님."

"그래. 나일세. 잠시 통화되나?"
그분의 평소 목소리와 약간 다르다.

"그럼 물론이죠. 약주하셨네요 회장님. 시간이 많이 늦었는데, 아직 댁에 안 들어 가시고요?"

"응, 그래야지. 실은 오늘 안 좋은 일이 있었거든."

"그래요? 그럴수록 너무 늦지 않게 들어가셔야죠. 가족들이 걱정합니다."

"자네도 오늘 안 좋은 일 있었잖아. 왜 전혀 언급을 안 해?"

"저요? 글쎄요?"

"오늘 우리 회사 실무자가 공연 계획 취소한다고 연락했을 텐데, 혹시 아직 얘기 못 들었나?"

"아, 그거 말씀이시군요. 얘기야 들었죠."

"그런데 왜 나한테 말을 안 해?"

"저야 알 수는 없지만 그럴 만한 사정이 있었거나 제게 올 기회가 아니었나 보죠. 괜찮아요. 회사에 무슨 일이 있으신 건지는 잘 모르지만, 약주 너무 많이 하진 마세요."

"나 오늘 회사 회장직 사퇴했네."

"네? 사퇴요?"

"그래. 그래서 공연 계약 건도 아마 실무자들이 취소했을 게야. 내가 면목이 없네."

"에이, 아니에요 회장님. 저 도와주시려고 얼마나 신경을 써 주셨는데 저야 늘 감사할 따름이죠. 그나저나 오늘 마음이 많이 무거우시겠어요. 감히 짐작이 안 됩니다."

"몇십 년간 회장직으로 재임하고 있었는데 이런 상황이 후련하다면 거짓말이겠지. 그런데 다른 곳에서 이미 제의가 들어왔어. 크게 시간낭비하지 않고 조만간 다른 곳으로 들어갈 예정이야. 자네에게 진 빚은 잊지 않아. 이번 공연 계약 건이 있기까지 까다로운 실무자들이랑 미팅하고, 계속 소통하고, 현장까지 와서 다 확인하고, 그 수고로움은 내가 다 지켜보고 들은 바 누구보다 더 잘 알고 있네. 만일 내가 그렇게까지 다 준비를 마쳐 놨는데 갑자기 다짜고짜 계약 취소 통보를 받았다면 바로 전화해서 서운함을 표하고 따져물었을 거야. 그런데 아무 내색 없이 담담하게 받아들여주고, 오히려 위로해줘서 고맙네. 내가 빚지고는 못 사는 사람이니 기다리고 있게. 어서 들어가게나."

"아이고, 회장님…."

(뚝)

회장님은 자기 말씀만 하시다가 어느 순간 전화를 뚝 끊어버리셨다. 집으로 돌아가는 차 안, 그분의 오늘 하루가 어땠을지가 떠오르며 마음이 씁쓸해졌다. 나는 다음 날도, 그 다음날도 안부를 묻기 위해 전화를 걸었다. 다른 회사 부사장 자리를 제안받은 회장님은 결국 제안에 응하지 않으셨다는 소식만 들었다.

그렇게 몇 달이 흐르고, 또다시 갑작스럽게 회장님의 전화가 걸려 왔다.

"잘 지냈는가?"

"그럼요. 회장님도 잘 지내셨죠?"

"그래. 좀 정신은 없었지만. 이번에 Y사에 부회장으로 들어오게 되었네."

"오, 정말 축하드립니다 부회장님!"

"그건 그렇고, 자네에게 진 빚이 있는 거 기억하지? 전화 끊고 나면 우리 회사 실무자가 연락할걸세. 한번 통화해 보시게나."

"빚이요? 혹시 이전에 공연 계약 취소건 말씀하시는 걸까요?"

"그래, 그래."

"아닙니다, 그건 전혀 신경 안 쓰셔도 됩니다. 이미 한참 지났고 저는 정말 괜찮습니다."

"어쨌든 곧 전화 갈걸세."

뚝-

매번 같은 패턴이다.
거의 곧바로 전화가 걸려온다.

"안녕하세요. Y 기업의 OOO 과장입니다."

"안녕하세요. 정 경입니다."

"총액 2억 원으로 공연 계약서 작성하면 된다고 부회장님께 전달받았습니다."

"네? 2억 원이요?"

"네. 2억 원입니다."

이전에 취소되었던 K 그룹과의 공연 계약 건은 2천만 원짜리였다. 그런데 새로이 제안받은 계약 금액은 무려 그 10배인 2억 원짜리였다. 도저히 믿기지 않는 상황이 벌어진 것이다. 나는 곧바로 회장님께 감사의 인사를 올렸고, 계약한 공연을 위해 최선을 다해 준비했다. 인생사는 실로 새옹지마. 인생은 그 한 치 앞도 예측할 수 없는 법이다.

어제 만난 별 볼 일 없는 사람이 언젠가 나를 아득히 뛰어넘을 수 있고, 오래 거래하던 작은 협력사가 어느 날 유니콘 기업이 되는 날이 올 수도 있다. 반면 인연을 가졌던 회장님, 사장님들이 하루아침에 빈털터리가 될 수도, 그간 쌓아온 명성이 단 한번의 실수로 전부 무너질 수도 있다. 나 역시 예외가 아니다. 전 K 그룹 회장님, 이제는 Y사 부회장님이신 그분과 사업 파트너이자 형동생, 라이벌 회사이자 친구 같은 관계로 지금껏 5년간 함께 했다. 회장 자리에 계실 때도, 그저 동네 배 나온 아저씨일 뿐이던 시절에도 나는 한결같이 그 곁에 있었다.

보이는 모습 즉 외적 능력이나 재력이 아닌 사람의 '진가'를 볼 줄 아는 힘은 사회 속에서 엄청난 어드밴티지를 만들어내곤 한다.

'그래서, 정 경은 사람 보는 눈이 그렇게나 출중한가?'라는 질문에는 당당히 '아니오!'라고 답할 것이다. 세상을 누비며 수천 명을 만나도 그런 인연은 단 하나조차 건지기 어려운 법이다. 그럼에도 어딘가에는 분명 존재하기에, 나는 항상 먼저 진심을 다해 상대에게 다가갈 수 있도록 준비한다. 상대가 나를 원하건 원치 않건 적어도 나는 누군가를 대할 때 진심과 혼을 모두 쏟으려 노력한다. 내가 모든 것을 쏟아내지 않고서 대하는데 상대가 자신의 모든 것, 나아가 숨겨진 진가를 내보일 리가 없다.

나는 곧 무대에 올릴, 인연으로부터 부여받은 천재일우와 같은 기회를 최고의 무대로 만들기 위해 정신없는 일상을 보내고 있다. 그분이 빚조차 아니었던 마음의 빚을 결국 내게 열 배로 갚았듯, 나 역시 이를 받아들여 백 배 멋진 무대로 되갚아 드리기 위해서 말이다.

구부정한 허리를 곧게 펴는 것부터가 시작이다

자명종 소리가 울리기도 전, 마치 미리 약속이나 한 듯 잠에서 깼다. 컨디션이 최고조일 때 종종 맞이하곤 하는 개운한 아침이다. 오늘은 모교에서 박사과정 수업을 시작하는 날. 난 일주일에 한 차례 매주 금요일마다 경희대학교 대학원 박사과정 학생들을 지도한다. 학생들을 만나러 강단을 향하는 날이면 늘 같은 마음이다.

'벌써 금요일이구나. 이번 주도 순식간에 지나갔네.'

"아~~ 음~~"

몸이 가벼운 만큼 목소리 컨디션도 아주 좋다. 채비를 마치고 밖으로 나선다. 오늘은 직접 운전대를 잡았다. 개강 첫날이라서인지 나 역시 학창 시절이 떠오르며 평소보다 더 설레는 마음이 든다. 매일 쫓기는 듯한 일상을 살아가는데도 불구하고 어떻게든 시간을 만들어 모교로 출강하는 데에는 특별한 이유가 있다.

나는 대전에서 유년기와 학창 시절을 보냈다. 어머니의 눈물에 치밀어 오른 홧김에 성악가가 되기로 마음먹었고, 이후 광인처럼 노래에만 몰두했다. 당시 내가 쌓아 놓은 내신과 수능 점수의 등급 숫자는 서울이나 수도권 대학으로의 진학은 꿈꿀 수조차 없는 상형문자에 가까운 수준이었다. 공부와 담을 쌓은 정도가 아니라 사실상 원수를 진 상태였던 내가 노릴 수 있는 대학은 입시에 내신과 수능 점수가 최대한 적게 반영되는 대학뿐이었다. 대전 출신의 철부지이자 말썽꾸러기였던 내가 성악가로 거듭나기 위한 첫걸음은, 다름아닌 경희대학교를 향해 나 있었다.

경희대학교는 내게 있어 일종의 고향이자 성역과도 같다. 나는 모교라는 안정된 공간에서 그 누구보다 열심히 살아가는 방법을 터득했다. 대학 입학 후, 나는 아침부터 학교 문이 닫힐 때까지 연습에 매진했다. 지금도 눈을 감으면 캠퍼스에 진입해 들이마시던 새벽 공기와 정취, 그리고 모두가 귀가한 후 적막한 캠퍼스에 서린 대기가 생생하게 떠오른다.

학사 졸업 후 석사 입학을 앞둔 상황, 우리집은 경제적으로 최악의 상황에 직면해 있었다. 그저 '어렵다' 정도로 표현할 수 있는 수준이 아니었다. 석사 과정의 등록금이 부담스러웠던 나는 학업을 포기할지를 진지하게 고민해야 했다. 그때, 몇 년간 나를 지켜보신 백남옥 교수님께서 그간 보여준 노력과 학구열이 너무 아깝다면서 대학원 진학을 위한 전액 장학금 대상으로 추천해주셨다.

천운을 만나 석사과정에 들어선 하는 단 한 순간도 허투루하지 않겠다고 다짐하며 석사 시절 내내 노래에 전념했다.

석사 과정을 무사히 마친 나는 박사과정을 앞두고 스스로에게 무엇이 가장 필요할지에 대해 진지하게 고민했다. 고민 끝에 내린 결론은 바로 글쓰기였다. 그때 나는 또다시 일종의 기적을 마주했다. 경제적 형편은 별로 나아지지 않았는데, 경희대학교에서 운영하는 출판사(출간부서)에서 일하면 박사과정의 등록금을 전액 면제해 준다는 정책이 공고를 보게 된 것이다. 비록 글쓰기가 너무 힘들었던 내게는 지옥같은 가시밭길이겠지만, 두 마리 토끼를 잡을 수 있는 가장 빠르고 완벽한 길이기도 했다. 수중에 단돈 50만 원뿐이었던 내가 박사과정을 밟기 위해서는 별다른 선택지도 없었다.

출판사에 취직한 나는 공부와 일을 병행하기 시작했다. 일도 하면서 공부도 할 수 있는 기회가 주어진 사실에 감사했다. 이는 희망으로만 가득한 오판이었다. 단 한번도 작문을 제대로 해본 적이 없었던 나는 글을 쓰면서 그야말로 죽을 것만 같았다. 노래하면서 이렇게 힘든 순간들이 있었나 하는 의문이 들 정도로 괴롭고 막막했던 기억이 난다.

아직도 생생히 기억한다. 글 하나를 완성하려고 나흘간 거의 밤을 새다시피 했다. 그렇게 완성한 글을 선배에게 가져갔는데, 잠시 눈동자로만 훑은 선배는 내 앞에 원고를 휙 내려놓으며 한 마디를 던졌다. "다시 써 와." 이후 이틀간 또 잠을 포기한 채 종이와 펜을 쥔 채 낑낑댔고, 태어나 처음으로 걷다가 잠들어 길바닥에 넘어졌던 기억이 난다. 그렇게 대학원보에서 경험한 서평, 인터뷰, 보도 기사, 대담 코너 등은 나의 평생 자산으로 남았다.

그렇게 2년을 보내고 졸업할 무렵이 되니 그토록 하기 싫던 글쓰기를 어느 정도 즐길 수 있게 되었고, 예술에 대한 칼럼도 끼적일 수 있게 되었다. 난공불락이라고만 생각했던 논문 작성도 전에 비해 큰 수고가 들이지 않고 해낼 수 있게 되었는데, 그야말로 영혼을 바쳐 일석이조를 이루어냈구나 싶어 뿌듯했던 기억이 난다. 박사과정 졸업 이후, 당시 발표한 논문인 오페라마(operama)를 가지고 경희대학교 후마니타스 칼리지에서 오페라마 강의를 개설했고, 이후 지금의 박사과정 수업까지 맡게 되었다.

학생으로서 8년, 그리고 교수로서 13년. 그렇게 총합 20년이 넘도록 나는 경희대학교와 함께 했다. 학교로 수업을 하러가는 날마다, 그리고 길목마다 내가 남긴 흔적들이 그림자처럼 눈앞을 스친다. 오갈 데 없던 나를 받아주고 키워준 모교에 보답하고자 나는 누구보다도 감사하는 마음을 품은 채 강단을 향한다. 오늘도 추억에 잠겨 차를 몰다보니 어느 새 학교에 도착해 있었다. 과잠(학과점퍼)을 입고 학교 언덕을 오르고 있는 새내기 대학생들. 그 어떤 명소도 부럽지 않은 고풍스런 학교 건물들. 양팔 가득

책을 끼고 이동하는 교수님들. 상아탑은 실로 몸과 마음이 겸허해지는 공간이다.

주차를 마친 뒤 잠시 운전석에 앉아 눈을 감는다. 그리고 의식을 교육자로 전환하기 위해 집중한다. 스위치-온.

'오늘은 개강 첫날. 어떤 학생들과 마주하게 될까. 지금부터는 교수자로서 학생들과 만나는 자리다. 오늘 하루도 힘내자!.'

힘찬 발걸음으로 강의실을 향한다.

문을 열자 매 학기 단골처럼 내 수업을 수강하는 반가운 학생의 얼굴이 보이기도 하고 처음 보는 학생들의 얼굴도 보인다. 구석에는 유학생들이 옹기종기 모여 앉아 있다. 몇몇 학생이 내게 달려온다.

"안녕하세요 교수님. 잘 지내셨어요?"
"교수님 방송 잘 보고 있어요. 멋지시던데요?"
"실례지만 이번 학기는 휴강이 몇 번이에요? 헤헷"
"교수님 존경하고 사랑합니다!"

조잘조잘 거침없이도 말한다. 박사 과정이라면 이젠 좀 진중해져도 좋을 법한 시절인데 다들 아직 앳되고 순수하다. 그래서 내심 더 기쁘다.

"이만 자리에 앉아요! 출석 부릅니다!"

출석부를 펼친 나는 두 눈을 의심했다. '30명?' 박사과정 수강생이 30명이라니, 믿기지 않는 상황이다. 내가 박사과정에 입학할 당시에는 한 학번에 최대 4명을 넘지 않았다.

당시 솔직한 마음으로는 4명도 많다고 생각했다. 박사과정이라 함은 교수를 목표로 하는 것이 아닌 한 학도로서 도달할 수 있는 종착점이 아닌가. 이는 세상에 나오기 직전, 자기 자신의 모든 열과 성을 다해 알려지지 않은 문제를 발굴하고, 해결되지 못한 문제에 대한 스스로의 정답을 만들어 가는 중대하고도 아름다운 시기이다.

역사적으로 살펴보더라도 조선에서는 성균관과 홍문관, 규장각, 승문원에서 근무하던 벼슬을 부르는 명칭으로 '박사'라는 단어를 사용했다. 그만큼 박사과정은 꼭 연구하고 싶은 분야가 있어 학도의 뜻을 품고 입학해 공부와 연구에 매진해도 잘 될까 말까인 어려운 길인데, 박사과정 입학자가 이렇게나 많다고? 어안이 벙벙했지만 학생들과 이야기 나누기 시작하고 얼마 지나지 않아 그 이유를 알게 되었다.

"와~ 이렇게 많이 수업에 신청했다고? 돌아가면서 박사과정에 입학한 이유에 대해서 말해봅시다. 맨 앞줄 학생부터 이야기해 보세요."

"교수가 되고 싶어서요."
"석사 졸업하고 할 게 없어서.."
"부모님이 타이틀이라도 따라고 해서요.."
"공부해두면 나중에 예술 기관이라도 들어갈 수 있지 않을까 해서요."
"전 중국에서 왔는데, 한국에서 박사 졸업하고 중국에 돌아가면 교수가 되기 수월해서 여기까지 왔어요."

"석사 졸업하고, 좀 더 공부해야 할 것 같아서 들어왔어요."
……,

예술 전공자들은 졸업 후 개인교습, 학교 강사, 학교 교수, 교향악단 연주자, 연주자, 연주 단체 설립, 행정기관 취직 등의 진로를 선택할 수 있지만 이마저도 보장된 것은 아니다. 또한 대부분의 예술 관련 직업이 안정적인 정규직이 아닌 비정규직 내지는 계약직 프리랜서 형태로 존재하기 때문에 주로 소속 없이 활동하게 된다.

인간은 근본적으로 사회적 동물이기에, 결국은 누구나 소속될 곳을 찾아 나서기 마련이다. 이곳 학생들도 결국 충분히 오랜 시간을 들여 공부했음에도 현실적으로 나아갈 방향을 찾지 못해 결국 '박사과정'이라는 곳으로 흘러들어온 느낌이 역력했다. 그들이 박사과정에 입학한 이유에 대해 하나하나 들어본 후, 대졸은 물론 석사학위자들조차 사회 진출에 대한 불안함을 해소하고자 공부를 다시 선택하고 마는 대한민국 예술계의 현주소를 절감했다. 이는 사회 진출을 앞둔 청년들뿐 아니라 어쩌면 예술계의 모두가 느끼고 있는 만성적인 위기감이기도 했다. 그런 깨달음 끝에 고개를 들어 강의실을 가득 메운 학생들을 보니 마음이 더욱 무거워졌다.

학생들의 숫자에 당황스러웠고 그들이 박사과정을 수강하게 된 근본적인 이유에 당혹스러웠다. 학생들에게 과연 어떤 배움이 필요할까, 한층 더 진지하고 심각하게 지도에 임할 수밖에 없었다. 앞서 소개했듯 나는 과거에 큰 뜻을 품고 박사과정에 발을 들였다. 죽기 아니면 까무라치기에 가까운 태도로 정말 치열하게 공부하고 연습하고 일했다.

나 자신과 매 순간 혈투를 벌이며 지나보낸 박사과정은 인생에서 가장 고통스러운 시기이기도 했다.

그런데 내 앞에 앉은 학생들은 당시의 나와 전혀 다른 분위기, 상황, 마음가짐으로 이곳에 앉아 있었다. 한편으론 학력의 정점이자 꽃인 박사과정을 통해 어떤 메시지와 가르침을 전달할 수 있을지, 과연 내게 그들을 지도할 자격이 있는지에 대한 의문도 들었다.

결국 고민 끝에 운을 뗐다.

"지금부터 내 말 잘 들어. 지금 너희는 스스로의 힘으로 쟁취할 수 있는 학위, 학업의 끝자락에 와 있다. 즉 이번 박사과정이 끝나면 세상 밖으로 나아가 그야말로 정글 속에서 스스로의 힘으로 살아남아야 하지. 따라서 이 박사과정은 너희가 세상에서 마주하게 될 시련과 난관들의 집약체가 되어야만 그 마지막 시험대로서의 의미를 가진다고, 나는 굳게 믿는다. 또한 이 박사과정을 책임지고 있는 내게는 너희들에게 그와 같은 실전에 가장 가까운 개념의 마지막 배움의 길을 제공해야 할 의무도 있다. 나는 앞으로 기본적인 태도에 대해서 수없이 지적할 것이고, 기준에 미달하면 가차없이 혼도 많이 낼 예정이다. 출신, 나이, 이제까지의 학력? 다 필요 없다. 치열하게 목숨걸고 공부할 각오가 아니라 적당히 학위 따러 온 거라면 당장 수강을 취소하는 편을 추천한다. 외국에서 온 유학생들에게도 미리 분명하게 밝혀둔다. 다른 일반적인 강좌들에서처럼 유학생들의 한국어나 문화 인식 수준에 맞추어 강의와 과제, 논문 평가를 진행할 계획은 단 한

톨도 없다. 치열하게 연구하고 공부해도 살아남을 수 있을지 없을지 모르는 한국 예술계에서 어떻게든 살아남아야 하는 한국 학생들의 수준에 맞추어 던지고, 날리고, 달릴 생각이니 똑같은 레벨로 수업을 따라올 자신이 없다면 일찌감치 수강 신청을 철회하길 바란다."

여유와 장난기가 넘치던 강의실 분위기가 일순간 정적에 빠졌다. 폭탄선언처럼 들릴지 모르지만 20년 가까이 그러함을 일상으로 살아온 내 마음과 목소리는 침착하다.

"나도 너희들과 같은 시기가 있었다. 돈이 없어서 일과 공부를 병행하며 같은 자리에 앉아 매일 입술이 다 부르트고, 코피 흘리고, 잠을 못 자 쓰러져 전봇대에 들이받으며 박사과정을 보냈다. 이런 얘길 하면 꼭 나오는 표현들이 있지. 라떼는 말이야? 꼰대? 아니, 그건 예술계의 냉혹하고 끔찍한 현실에 대해서 아무것도 모르니까 지껄이는 정신승리나 다름이 없다. 잘 생각해봐라. 내가 박사과정에 들어갈 때는 가장 많은 인원이 한 학번에 4명이었다. 그런데 너희는 이 자리에 무려 30명이 왔다. 그게 무슨 뜻이냐고? 예술 관련 대졸자, 석사 학위자 중 딱히 예술쪽으로 종사할 활로도 보이지 않고 사회에 나갈 다른 길도 없어져서 박사과정으로 흘러들어온 사람의 숫자가 불과 10년만에 7.5배로 늘었다는 뜻이다. 안 그래도 단춧구멍이었던 길이 지금은 바늘구멍이 되어버린 격이란 말이다."

"지금이 더 성공하기 쉬운 시대라고 하지만 과연 정말 그럴까? 그것도 준비된 자들에게나 찾아오는 것이지. 나는 교육자기 때문에 너희가 성공할 수 있도록 지도할 의무가 있고, 특히 박사과정의 책임자이기에 너희가 사회에 나가서 살아남도록 훈련시키고 이끌 의무가 있다. 너희가 기대하거나 희망하던 속도가 아닌 2배, 어쩌면 3배 이상으로 빠르게 끌고 갈 생각이니 이 속도에 맞추지 못할 학생이라면 나도 내 귀한 시간 허비하고 싶지 않다. 그러니 정리하자면 '편하게 학교 다닐 사람', '대충 공부할 사람', '수업 시간에 딴짓하거나 잘 사람'은 당장 수강 철회하도록. 알겠나?

평가는 발표 2번, 소논문 두 차례 제출로 이루어지고, 사유가 없는 지각과 결석은 그대로 F 처리된다. 이에 대해 질문 있나?"

구부정하게 앉아있던 학생 하나가 갑자기 허리를 곧게 펴고 앉는다. 한 학생은 옆자리에서 졸고 있는 친구를 콕콕 찌르며 깨운다. 유학생들은 수군대며 '저 교수 지금 대체 뭐라는 거지?'라는 눈초리로 날 바라본다. 몇몇은 "발표와 레포트가 몇 번이랬지?" 수군대며 노트에 열심히 받아 적고, 나머지 대부분은 '멍~'한 표정으로 날 응시한다. 좋아, 그래야지.

"오늘 수업 여기까지."

유유히 강의실을 나선다. 내가 맡는 강의 첫날이면 언제나 있는 일이다. 나 같은 캐릭터로 인한 당황은 학생들의 몫이다. 대부분 하하호호 좋은 분위기를 유지하면서 수업 3시간을 흘려보내는데, 나는 결국 그러한 분위기가 사회에서의 개인 경쟁력 부족으로 이어지는 사례를 너무나도 많이 보아왔다. 날 싫어해도 어쩔 수 없다. 교수자로서 나는 묵묵히 내가 믿는 바를 행하며, 결심한 바를 스스로의 방식으로 실천에 옮기는 것 뿐이다.

수업 시간에 눈이 똘똘해 보였던 한 학생에게 문자를 남기고 나는 학교를 떠났다.

[당장 다음 주부터 예술경영을 주제로 발표수업 시작할 테니 누가 먼저 발표할지 순서정해서 주말중에 리스트 보내두렴.]

다시 해보겠습니다

요란한 알람 소리에 눈을 떴다. 어젯밤, 박사과정 발표 예정인 학생의 발표 자료를 살펴보다 늦게 잠든 기억이 난다. 수업 첫날, 열심히 할 생각이 없다면 수업에 들어오지 말라는 엄포를 놓았음에도 박사를 목표로 한다고 보기에는 턱없이 부족한 수준의 발표 자료를 받아보고는 화가 난 채 잠든 모양이다. 덕분인지 잠도 설치는 바람에 4시간도 채 수면을 취하지 못했다. 영 상쾌하지 못한 아침이었지만 일찍부터 도착해 기다릴 학생들 생각에 서둘러 준비를 마치고 학교로 향했다.

9:30분 시작인 수업. 9:25분에 강의실에 도착한 나는 시간이 되자마자 출석을 부르기 시작한다. 그런데 오늘 발표하기로 한 학생의 대답이 들리지 않는다.

"오늘 발표하는 ooo 학생 어디 있지?"

"지금 오고 있는데, 조금 늦을 것 같다고 연락을 받았습니다.."

다른 학생이 대신 대답한다. 자기가 발표하는 날인데, 교수는 물론 학생들 수십 명이 자기만 기다리는 중인데 늦는다? 그 무성의함에 다시 한번 화가 난다. 목숨을 걸 듯 석사와 박사 과정을 마쳤던 나의 사고 회로에서는 있을 수도, 있어서도 안 되는 일이었다.

아직 이름조차 알리지 못한 초짜 신인이 관객들로 가득하고 선배들이 무대 뒤에서 기다리는 공연장에 늦는다? 데뷔와 함께 은퇴나 다름 없다.

출석을 다 부르고도 그 학생은 도착하지 않았고, 나는 학생들과 한 주를 어떻게 보냈는지 근황을 나누며 시간을 보냈다. 지난 일주일간 벌어진 수많은 일들을 학생들에게 들려주자 학생들은 신기한 눈으로 바라본다. 한 학생은 진심을 담아 걱정하는 듯하다.

"교수님. 그렇게 지내시면, 안 힘드세요?"

웃으며 대답하려는 찰나, 강의실 문이 덜컹 열리는 소리가 들린다. 모두의 시선이 문을 향한다. 오늘 발표하기로 한 학생이다. 늦잠을 자다 온 듯 머리는 온통 헝클어져 있었고, 달려나오느라 아무렇게나 걸친 운동복 차림이다. "죄송합니다"를 연신 외치며 들어오지만 별로 죄송하지 않다는 사실을 나는 잘 알고 있다. 사람은 진심으로 어떤 일을 대할 때, 죄송할 일이 벌어지게 놔두지 않는다. 화가 머리끝까지 났지만, 내색하지 않고 학생에게 말했다.

"바로 발표 시작하자."

그리고는 맨 뒷자리로 가서 자리를 잡은 다음 발표할 학생의 행동을 하나하나 지켜보기 시작했다. 가방에서 급히 꺼낸 USB를 컴퓨터에 꽂았으나 컴퓨터가 먹통이다. 다른 학생의 도움으로 간신히 로딩이 되었는데, 발표 자료에서 영상이 나오지 않는다. 그럼에도 당황한 기색은 없고, 멋쩍게 웃고 있다. 나는 아무 반응하지 않고 그 모든 상황을 주의깊게 지켜봤다. 한참 동안 우왕좌왕하고서야 모든 준비가 끝났는지,

"교수님. 준비 끝났습니다. 발표 시작하겠습니다."

그렇게 발표가 시작됐다.

발표는 그야말로 엉망진창이었다. 발표를 지켜보며 내가 메모지에 적은 내용은 다음과 같다.

[짝다리를 짚으며 발표를 시작]
[준비한 대본을 읽어내려 갈 뿐임에도 지속적으로 말을 더듬고 버벅임]
[시선을 어디에 두어야 할지 모름. 흔들리고 산만한 시선에 관객들 불안감 야기]
[말이 너무 빨라 무슨 이야기를 하는지 제대로 알아들을 수 없음]
[전체적으로 주의가 너무 산만]
["음", "그게", "저", "근데"와 같은, 준비되지 않은 상황에서 나오는 말

버릇 반복. 발표중 총 42회]

그는 발표가 끝나갈 무렵, 어젯밤 발표 준비로 늦잠을 자버렸다며, 늦어서 미안하다는 이야기를 하며 웃었다.

순간적으로 학생에게 잘못한 부분을 알려줘야 할지 말아야 할지 고민이 들었다. 말하지 않고 웃으며, "준비하느라 고생 많았겠다. 수고 많았다." 라고 이야기하면 아무 일 없던 것처럼 지나갈 수 있을 것이다. 반면 내가 이 학생의 잘못을 이야기하는 순간, 강의실 분위기는 험악해질 것이 분명했다. 잠시 생각에 잠겨 고민한 끝에 입을 열었다.

"발표자 학생, 예술경영이 무엇이라 생각하지?"

"네? 예술경영이요? 예술을 경영하는.. 뭐 그런..?"

"예술을 경영하는 게 무엇이지?"

"예술을 경영하는 건 예술을 파는 것 아닌가요?"
"뭐, 그래. 쉽게 말해 예술을 파는 것이라 치자. 당신 지금 예술경영 박사과정에 입학한 것 아닌가?"
"예술경영 박사과정에 입학한 것 맞습니다."

"그렇다면 예술을 파는 것과 관련해 좀 더 공부하고 연구하기 위해 박사과정에 입학한 것이 맞지?"

"네 맞습니다. 예술가로만 살면 안 되겠다 싶어서, 예술경영을 배우고자 입학했습니다."

"그런데 오늘 발표는 대체 뭐지? 만약 내가 당신의 예술을 사야 하는 사람이라면 절대 지갑을 열지 않을 거거든."

"그게 무슨 말씀이신지.."

"자네는 학부와 석사를 경희대학교보다 더 높은 학교로 분류되는 대학에서 학위를 마쳤지. 그래서 이곳 박사과정이 내키지 않을 수도 있고 어쩌면 스스로의 학업이나 예술 수준이 더 높다고 자부하고 있을 수도 있어. 그렇지만 그건 스스로에 대한 자만이자 오만일 뿐, 나는 한명의 관객으로서 절대로 당신의 예술을 사지 않을 거야."

"어떤 이유 때문이죠?"
모른다는 사실이 더 놀랍다.

"예술을 판매하는 사람으로서 하나도 준비가 안 되어 있잖아. 같은 업계 사람들, 대선배이자 스승 앞에서 중요한 발표를 앞두고 있는데 늑장을 부린 것까지 언급할 필요도 없어. 자기가 주인공인 무대에 오르면서 제대로 씻지도 않고 대충 걸친 운동복 차림이지. 미리 준비하고 나한테 보내기까지 한 대본을 읽어내려 갈 뿐인데도 틀리는 부분이 부지기수. 가장 큰 문제는 스스로가 빚어낸 그 모든 끔찍한 장면들에 대해 전혀 부끄러운 기색이 없다는 거지. 예술경영이 뭐냐는 본인의 대답이 기억나나? 본인이 방금 발표한 내용에 대해 묻는데 무슨 말인지 이해도 못 하는 사람의 예술에 누가 지갑을 열까? 학생같으면 스스로 돈을 지불하고 공연장에 갔는데 신인 배우가 무대에도 한참 늦고, 복장도 제대로 안 갖추고, 대사도 제대로 못 외우고 있으면 다시 그 배우가 등장하는 상품을 구매하겠나?"

"그건... 오늘 늦잠을 자서…"

"늦잠은 태도이고, 태도는 마음가짐이야. 학생이 종전에 다닌 그 학교들이 명성 높은 학교라는 건 잘 알지만 오히려 이런 기본적인 태도들조차 함양되지 않았다면 오히려 그 학교에 실망스러운 걸? 이런 발표는 스스로뿐만 아니라 그간 거쳐온 길들까지 좋은 눈으로 바라볼 수 없게 만드는 거야."

"......."

"그리고 '음', '그게', '저', '근데'와 같은 말을 발표 중에 무려 42번이나 했어. 인지하고 있었나?"

"제가 그런 말을 했다고요?"

"그래. 무려 42번이나. 튀어나올 때마다 내 노트에 기록해두고 있었거든. 무대에 선 당사자가 자기 입에서 마흔 두 번이나 나온 말을 하나도 모르고 있었던 거지. 초짜 영업사원이나 일반회사 실무자면 그럴 수 있어. 그런데 예술전공자에, 예술경영 박사과정을 밟는, 미래의 무대와 공연장을 책임지려는 사람이 그래도 된다고 생각하나 진심으로?"

"전혀 몰랐습니다…"

"마지막으로, 계속 틀리면서 부끄러워하지 않는 그 자신감은 대체 어디서 나오는 거지? 겸연쩍고 창피해서 그럴 수는 있다고 생각하지만, 적어도 자기가 보이고 있는 모습에 대한 미안함과 창피함이 있다면 앞으로 절대 더 나아질 수 없어."

".... 죄송합니다. 너무 몰랐습니다."

"지금까지 잘한다 잘한다는 이야기를 수없이 들어왔을 거야. 그런데 그건 너희에게 등록금을 받는 교육기관들의 울타리 안에서만 주어지는 사탕발림같은 거야."

"이 박사과정이 끝나고 예술계든 어디든 사회로 나아가는 순간, 너희에게 내려지는 평가와 잣대는 내가 지금 내뱉은 독설에 가까운 지도보다 훨씬 잔혹하고 냉철하다. 나는 앞으로 마주할 현실을 너희에게 알려줄 의무가 있다고 생각하고, 또 그에 대비해 너희가 준비하고 대비할 수 있도록 훈련, 단련시켜 나가며 지도할 책무가 있다고 생각한다. 내 말이 틀렸고 무의미하다고 생각한다면 당장 수강철회하고 저 문밖으로 나가서 스스로의 길을 개척하거나 좋은 말만 들리는 길을 골라 다니면서 편하게 학교를 다녀도 좋다."

"그러나 첫 수업이 끝나고 다시 이 강의실에 들어온 너는, 그리고 너희 모두는 내 제자가 되었어. 그렇기에 나는 최선을 다해 너희가 잘못하는 것들을 알려 줄 각오를 다졌다. 네 발표를 들으며 모든 걸 유심히 지켜봤다. 첫 수업에서 얘기했지, 예술경영을 공부할 자세가 되어 있지 않으면 일찌감치 후퇴하라고. 지금 같은 자세와 언행이라면 앞으로 그 누구도 네가 판매하고자 하는 예술을 구매하려 들지 않을 거야."

"그러면 어떻게 해야 할까요… 교수님?."

"내가 포착한, 고쳐야 할 것들은 이 종이에 다 받아 적었다. 이걸 가져가서 읽어보고 고쳐보도록 노력해. 세상은 이런 상황에서 다시 기회를 주지 않아. 그냥 F 처리하고 두 번 다시 부르지 않지. 나 역시 평소 같았으면 발표날 지각한 것만으로도 F 처리를 해 버릴 수도 있었겠지. 하지만 이곳이 너희에게 주어진 마지막 배움의 기회이자 울타리가 보호해 줄 길의 마지막 지점이라는 걸 누구보다 잘 알고 있다. 그러니 나를 최대한 활용해 피드백도 얻고 스스로 성장할 기회로 활용해라.

한 번의 기회를 더 줄 테니 이 종이에 적힌 문제점을 모두 해결해서 다시 발표해 봐. 네가 만약 이 기회를 원치 않는다면 여기서 바로 편안해질 수 있도록 수강 철회 기회나 F를 줄 테니 스스로 결정하거라."

"…다시… 해보겠습니다.."

"그런데 왜 우냐?"

"그동안 몰랐습니다. 죄송합니다."
"지금이라도 알았으니 됐다. 평생 해오던 습관이어서 고치기 쉽지 않을 거다. 단단히 마음먹고 고쳐나가야 해. 알았지?"

"네, 알겠습니다. 감사합니다. 교수님!"

"시간은 충분히 준다. 그리고 덧붙여 피날레를 장식할 기회도 준다. 이번 학기가 끝나는 마지막 수업 날, 마지막 발표 자리를 장식하는 거야. 기억하고 있어. 그럼 오늘 수업은 여기까지!"

수업이 끝난 후, 학생들은 발표를 진행한 학생 주변으로 모여들어 위로한다. "괜찮아. 잘했어", "교수님 너무하신다"며 혼난 학생을 위로한다.

'섣불리 위로하면 안 되는데, 좀 더 자기 반성과 성찰의 시간을 가져야 하는데..'

사람에 따라서는 너무 심하다고 생각할 수도, 때로는 마음에 상처를 입을 말을 쏟아냈는지도 모른다. 하지만 그와 같은 냉혹한 현실적 평가를 받는 것은 여전히 보호받을 수 있는 울타리 안쪽, 그리고 다시 도전할 수 있는 기회가 주어지는 틀 안에서인 수백 배는 낫다. 무턱대고 사회에 나갔던 초년생들이 부서지고 멘탈까지 깨지는 경우를 너무나도 많이 보아 온 나만의 극약처방이랄까.

"나때는 말이야, 교수님들이 야구선수인 줄 알았어. 나는 물병조차 집어던지지 않았는 걸." 혼자 중얼거려보니, 어느 정도는 꼰대가 맞는 것 같기도 하다. 오늘 발표한 학생을 주의깊게 지켜보자는 마음과 함께 한숨을 크게 내쉰다.

후―

아침부터 에너지를 많이 소모해서인지 아직 해가 지기 전인데도 기운이 없다. 일정표를 열어 다음 목적지를 확인한다. 오늘은 음대 교수님들과 저녁 식사 미팅이 있는 날이다. 일찍 쉬고 싶었지만 이미 한 달 전부터 약속된 자리여서 빠질 수는 없다. 무거운 몸을 이끌고 다음 목적지로 향한다.

후배 예술인 모드, 스위치-온.

인생은
세 갈래

오늘은 음대 재직 중인 교수님들과 함께 하는 저녁 식사 자리에 참석한다. 특별한 목적성을 가지지 않고 예술계에 몸담은 분들과 함께 나누는 사석은 참 오랜만이다. 작곡가에 관한 이야기, 곡에 관한 이야기, 음악에 관해 서로 터놓고 이야기를 나눌 때면 잠시나마 현실로부터 동떨어진, 다른 세계에 와있는 듯한 느낌이 든다. 이득과 손실을 계산하고, 이것저것 재고 따지고, 목적을 위해 수단과 방법을 가리지 않는 약육강식 정글 같은 일상을 벗어나 음악계에 계신 교수님들을 만나는 시간 만큼은 초심 예술인 시절의 정 경으로 돌아간 것처럼 설레고 또 기다려진다.

교수님들과 처음으로 만난 자리는 EBS에서 매주 진행하는 〈수요 초대석〉 코너였다. 클래식계 명사들을 초청해 그들의 삶과 이야기를 듣는 코너로, 출연 이후 서로 친해진 교수님들과 모임을 만들어 자리를 만들었다. 벌써 4년 전부터 이어져 온 자리인 셈이다.

식당에 들어가기 전, 잠시 또 눈을 감는다. 오랜만에 예술가로 돌아간 듯한 편안한 마음이 든다.

"정 교수 일찍 도착했네? 어서 자리에 앉게."

"안녕하세요, 교수님. 그간 잘 지내셨어요?"

"그럼. 잘 지냈지. 해외 순회공연으로 미국, 독일에 갔다가 이제 막 귀국해서 아직 시차 적응이 안 됐어. 그래서 좀 쉬어야하나 고민하다가 그래도 정 교수와 모처럼 함께 하는 자리에 빠질 수가 있나 싶어서 나왔지."

"정신없으셨겠어요.. 좀 쉬셔도 되는데."

"아니야. 이렇게 얼굴 보니 더 좋은 걸? 아직 OOO 교수는 시간이 좀 걸릴 것 같으니 우리 먼저 식사 주문하자고."

해외 순회공연은 어땠는지, 외국에서 바라보는 최근 한국 클래식계는 어떠한지, 요즘 내가 빠진 음악에 관한 이야기, 함께 그 음악을 들어보기도 하고 서로의 견해를 주고받기도 한다. 교수님은 이번에 지휘한 스트라빈스키의 곡 '불새'를 내게 들려주시며, "이 부분에서 호른이 빰! 나왔어야 했는데, 못 나왔어. 그래서 내가 그 호른 주자를 째려봤더니, 미안했는지 공연 끝나고 내게 사과 하나를 가져다주지 뭐야! 하하하!"

얼마만에 가져보는 예술인들의 일상 대화인가. 시간 가는 줄 모르고 이야기꽃을 피우는 와중에 다른 교수님들도 모두 도착하셔서 흥미진진한 이야기에 동참하셨고, 우린 음악인의 삶, 예술가의 생애에 대한 깊이 있는 이야기를 나누기 시작했다. 예술이 우리 삶에 가져다주는 행복을 느끼며 대화를 이어 나가던 중, 갑작스레 전화벨이 울린다.

아트룸 뉴스 예술감독의 전화다. 교수님들께 양해를 구한 뒤 잠시 밖으로 나와 전화를 받는다.

"그래, 무슨 일이야?"
"교수님, 잠시 통화 가능하세요?"

"그래, 잠깐은 가능해."

"저번에 브리핑했던 대로 이번에 음악대학 취업난 관련해서 뉴스를 진행할 예정입니다만, 제가 섭외 요청넣은 분들 열 분 모두가 출연을 거절하셨어요. 아무래도 예민한 부분이다보니 어쩔 수는 없는데.. 다들 거절하실 줄은 예상하지 못했던 터라.. 난감하네요."

"그래? 연락 드린 열 분 모두가 출연을 거절하셨다고?"

"네. 그렇게 됐습니다. 시간이 많이 남지 않아서.. 좋은 방법이 없을까요?"

"그러게, 난감하네. 아, 내가 지금 음대 교수님들과 식사 자리에 있으니 여기 교수님들께 한번 여쭈어봐야겠다. 장담은 어렵지만 일단 시도해볼게."

"네 알겠습니다. 일단 다른 대안들도 찾아보면서 연락 기다리고 있겠습니다."

"그래, 고생많다."

대수롭지 않은 듯 답변은 했지만 주제가 주제인 만큼 식사자리에 참석한 교수님들도 출연을 꺼리실 것 같았다. 하지만 더 이상 뾰족한 수는 남아있지 않다.

실패하면 실패한 뒤에 다시 원점부터 생각할 일이다. 자리로 돌아가며 마음을 가다듬고 넌지시 운을 뗀다.

"요즘 청년 취업난이 나날이 심각해지고 있어서 큰일이에요."

A "그러게 말이야. 오늘 아침 '그냥 쉬고 있다'는 청년이 40만 명을 웃돈다는 뉴스 헤드라인을 봤어."

"교수님께선 지도 중이신 음악대학의 취업난도 체감하시죠?"

A "사실 음대는 취업 개념보단 기능 교육의 역할을 더 많이 가지고 있어서 취업난이 체감된다고까지는 말하기 어렵지만.."

"다른 교수님들은 어떠세요?"

B "글쎄, 음대에서 취업이라면 교향악단 같은 곳에 연주자로 취업하는 것 말고는 대부분 개인 지도나 연주 활동으로 나가지 않나?"

A "그렇지. 안정적인 직업을 가지려면 음악 교사 쪽으로 가는 친구들도 있고… 사실 음악 전공자들을 취업난의 잣대로 보는 건 좀 무리가 있어. 워낙 일반적인 시스템과는 상이하다보니."

"그래도 비전공자 입장에서는 음대 시스템에 문제가 있다고 느낄 수 있는 것 같아요. 대학을 취업률만으로 평가할 수는 없겠지만, 사실 정식 취업이 이루어지지 않으면 예술 생태계가 건강하게 순환하고 있지 못하다는 약점의 증거가 되는 것 같아요. 지역 소멸로 인해 점차 대학의 숫자는 줄어들 것이고, 출생률 저하로 입학생까지 줄어들면 가장 먼저 타격을 입을 분야는 경제활동이 활발하지 않은 예술 계열이 될 테니까요."

A "정 교수 말이 맞아."

"그래서 말인데요, 교수님. 쉽지 않은 제안인 건 너무 잘 알고 있습니다만.. 제가 진행하는 문화 예술계 뉴스 토론 코너에 두 분이 출연해 주셔서 지금과 같은 대화를 나누어 주실 수 있으실까요?"

A,B "……"

"교수님들과 같은 주류 예술계 한가운데에 계신 분들이 출연해서 말씀해 주셔야 세상이 변화할 모멘텀이 생길 수 있다고 생각해요."

A,B "그건 좀 어렵지 않을까…"

"역시 너무 무리한 부탁을 드린 걸까요..?"

A "지금 평화롭게 잘 살고 있는데 굳이 출연해서 아무도 나서서 얘기하지 않는 부분을 들쑤신다는 게 참… 뜻은 알겠네만.."

B "아이구, 난 못해 못해. 무대에서 연주만 해봤지, 어디 가서 말을 잘 해본 적이 없어놔서…"

"바로 답변주지 않으셔도 되니까, 한번 충분히 생각해 보시고 편히 말씀 주세요. 만일 교수님들께서 출연해 주신다면 그보다 큰 신선한 물결이 어디 있겠습니까. 앞으로 음악을 공부할 음악도들, 이미 음악의 길에 올라 있는 후배들에게 긍정적인 영향을 끼칠 수 있을 거라는 점은 믿어 의심치 않습니다."

A,B "그래, 정 교수 뜻이야 잘 알지. 일단 좀 더 생각해 보고 연락 주겠네."

이 대화가 끝난 후, 어딘가 불편하고 어색해진 분위기를 다시 돌려놓기 위해 닌 온몸을 던졌다. 재미있는 이야기부터 몸 개그, 교수님들 앞에서 재롱이란 재롱은 다 피워 간신히 분위기를 풀었고, 그렇게 저녁 식사는 좋은 분위기 속에서 마무리되었다.

집에 돌아가기 위해 올라탄 운전석. 운전대를 잡았지만 출발할 생각이 쉬이 들지 않는다. 움직이지 않는 차량 안에서 잠시 생각에 잠긴다.

세상은 참 내 마음처럼 돌아가지 않는구나. 다들 내 맘같지는 않은가보다.

어쩌면 그분들 입장에서는 당연한 반응인지도 모른다. 나 같은 무대포 예술가보다 지킬 것도 많고, 잃을 것도 많고, 챙겨야 할 식솔들도 많은 어른들이시니. 다만 그러함으로 세상이 근본적으로 발전하거나 변할 수 없다는 사실을 잘 알고 있기에, 아쉽다.

항상 느끼는 점이지만 평생 예술을 품어 온 분들은 하나같이 천성적으로 순수하고 인간성이 맑다는 것이다.

하지만, 대다수는 현실 속에서 역풍을 마주하고 일을 추진해 나가는 용기와 힘이 부족한 편이다. 그러한 성격의 예술계에서 일을 도모하고 추진할 때마다 번번이 응집력과 저돌성, 그리고 추진력의 부족을 절감한다. 이제껏 수없이 겪었음에도 도저히 익숙해지지 않는지 매번 소위 말하는 '현타'가 찾아오곤 한다.

인간으로 태어난 이상 세상에는 세 갈래의 길이 존재한다고 믿는다.
세상에 끌려가는 길,
세상과 타협하는 길,
세상을 바꾸는 길.

나 역시 한 가지 길에만 놓여 있는 인간은 아니다. 그럴 수도 없다. 주로 세상을 더 나은 곳으로 만들기 위해 세상을 바꾸는 길 위에서 가장 많은 시간을 보내지만, 때로는 세상과 타협하기도, 가끔은 끌려가기도 하며 살아간다. 단, 내가 몸담은 '예술' 분야에서만큼은 늘 세상을 바꾸어 나가기 위해 노력한다.

　수단과 방법을 가리지 않고 때로는 시야가 좁아질 정도로 눈앞에만 몰두해 주변의 따가운 눈초리를 받기도 하지만.. 나라도 이렇게 움직이고 노력하지 않으면 아무도 예술계를 변화시키려 하지 않을 것 같다는 노파심과 부담감을 짊어지고 살아간다. 항상 두 배, 세 배 힘을 잔뜩 주고 살아가다가 오늘 같은 날을 마주할 때면 두 배, 세 배로 기운이 빠지고 마는 것이다.

　집으로 향하는 길. 그렇게 많이 보이던 하늘의 별이 하나도 보이지 않는다. 전날 유난히도 밝았던 달도 보이지 않는다.

　퇴근하는 수많은 차 사이에 덩그러니 혼자 남겨진 듯하다. 외롭다. 하루에도 몇 번씩 나를 흔드는 수많은 상황과 감정들. 언제쯤 이와 같은 폭풍 같은 나날들로부터 자유로워질 수 있을까. 과연 그건 내게 자유일까?

　귀가 후, 어쩐지 견디기 힘든 공허함에 라면 하나를 끓이며 하루를 마무리한다.

　존경하는 철학자인 아르투르 쇼펜하우어는 다음과 같이 말했다.

　"삶이 너무 지치고 힘들어 견디기 힘들 때는 배불리 먹고, 충분히 잠자라."

애벌레의 종말

다음 날 아침, 전화벨 소리가 단잠을 깨웠다. 휴대폰을 보니 어젯밤 함께 식사한 B 교수님이었다. 나는 헐레벌떡 전화를 받았다.

"정 교수. 일어났어?"

"그럼요 교수님. 어제 잘 들어가셨어요?"
"그럼, 잘 들어왔지. 어제 내게 제안했던 방송 출연 건 말이야. 나는 좀 어려울 것 같아."

"네, 충분히 이해합니다."

"요즘 애들이 무섭잖아. 괜히 나갔다가 입방아에 올라서 괜히 타격받을 수가 있는 포지션이다보니.. 정 교수의 좋은 취지와 뜻은 알지만 내가 지금 위험을 감수할 수 없는 상황임을 양해해주면 고맙겠네."

"네 교수님. 물론이죠. 저야말로 어려운 요청 드려서 송구스럽습니다."

"그나저나 이런 어둡고 민감한 주제 말고도 다른 좋은 주제들 많잖아. 그런 주제 다룰 때 불러줘. 이번 만큼은 내가 출연할 수 있는 주제가 아닌 것 같네."

"신경써 주셔서 감사합니다. 교수님."

"그래, 조만간 또 식사 자리에서 보자고."

반가운 마음에 전화를 받았지만 사실 예상은 하고 있었다. 입장 바꿔 내가 B 교수님의 입장이었어도 뚫거나 감수해야 하는 여러 이해관계가 첩첩산중과도 같았을 것이다. 제안을 받아들여주시면야 지극히 감사할 일이지만, 거절하신다고 해서 실망할 종류의 문제는 아니었던 것이다. 그래도 힘이 빠지지 않는다면 거짓말이겠지. 어쩌면 A 교수님도 크게 다른 반응이실 것 같지는 않다는 생각이 들었다.

A 교수님의 답변 연락을 기다다가 더 늦기 전에 예술감독에게 전화를 걸어 다른 주제로 바꿔야 할 것 같다는 통보를 해야겠다고 결심했다.

갑작스럽게 전화를 받는 바람에 여전히 목이 잠겨 있어서 예술감독에게 전화를 걸기 전에 따뜻한 물을 한 잔 마시려고 부엌으로 향하는 순간, 휴대폰이 울렸다. A 교수님이었다.

"교수님, 어제 잘 들어가셨어요? 어제 제가 너무 갑작스럽게 무리한 부탁을 드려 죄송합니다. 아무래도 너무 부담을 드린 것 같아 다음에 더 편한 주제로 좋은 자리에 모시도록…"

"무슨 소리하나? 간밤에 학교 관계자들이랑 다 이야기 나누어 두었고, 이미 동의도 얻었어. 방송 관련해 어떤 질문이 오고 가면 좋을지 미리 이야기 나누면서 내용 구성해보려고 전화했네."

"네? 어제 말씀드린 주제로 출연하시겠다고요? 정말입니까, 교수님?"

"어제 정 교수와 식사자리를 가진 후 곰곰이 생각을 해 보았어. 지난 20년간 교수 생활을 해 오면서 내가 가르치는 학생들의 미래에 대해 단 한 번도 진지하게 생각해 보지 않은 나 자신이 부끄럽게 느껴지더군. 한참 늦었지만 이제라도, 미약하나마 내가 조금이라도 도움 될 수 있는 일이 있다면 당장 힘을 보태고 싶네. 이번 방송 출연이 내게는 첫 발걸음인 셈이지. 어차피 혼자 하는 것도 아니고 우리 함께 하는 건데 무서울 게 뭐가 있겠나. 정교수 덩치면 아무도 덤비지 못할 걸? (하하하) 아무튼, 지금부터 내가 뭘 어떻게 준비하면 되는가?"

"아.. 교수님. 우선 어려운 자리임에도 출연을 결심하시고 함께 해 주신다는 결정에 감사 인사 올립니다. 방송을 통해 예술계가 점차 좋은 방향으로 변화하고 나아가 자립할 수 있도록 온 힘을 다할 각오입니다. 그 자리와 발걸음을 함께 할 수 있어 큰 영광입니다. 방송 관련해서는 오늘 중 실무자인 예술감독이 교수님께 연락드릴 수 있게 전달해 두겠습니다. 사전에 질문지 보내드릴 테니 충분히 시간 들여 답변 고민해 주시고, 더 다루고 싶은 부분이 있으시면 언제든 편히 말씀 주세요. 다시 한번 감사드립니다!!"

인사를 나누고 전화를 끊자마자 눈물이 터져나온다. 나는 일평생 열받아서 피눈물을 흘린 적은 많지만 가슴이 벅차거나 기쁨에 겨워 운 일은 손에 꼽는다. 예술감독과 내가 온갖 고초를 겪으며 밀고 나가는 이 일이, 누군가에게 그 뜻이 전달되어 진심을 알아주는 분들이 하나 둘 생겨난다는 사실에 새삼 눈물이 터져나온 것이다.

나는 꼴사납게 눈물을 훔치고는 마치 아무 일도 없었던 양 의기양양하게 예술감독에게 전화를 건다.

"섭외 완료. 다음 단계 진행하자!"

"교수님. 너무 고생 많으셨습니다! 방송 잘 만들어 보겠습니다!"

우리는 이렇게 또 한 발짝 나아갈 기회를 얻었다. 그러나 지금부터가 더 중요하다. 지금까지의 경험상 사전 질문지를 전부 바꾸는 분들부터, 방송 당일에 출연 못 하겠다고 통보하는 분들, 카메라 앞에 서자 입을 떼지 못하시는 분들이 부지기수였기 때문이다.

기쁜 마음과 불안한 마음이 공존했던 나는 매일같이 A 교수님께 연락해 분위기와 기색을 살폈다. 또한 받아보신 질문지가 어떤지, 방송 당일 사전에 만나 커피라도 한 잔 함께 하며 리딩을 해보자고 제안해 마음을 편안하게 만들어드리려 애썼다.

그렇게 찾아온 방송 당일. 교수님은 최고의 컨디션으로 등장하셔서 공들여 준비해 오신 내용을 아무런 막힘도 무리도 없이 한방에 끝내셨다. 그 날 보여주신 A 교수님의 관목이란, 긱정히던 자신이 민망하게 느껴질 정도였다. 방송이 끝난 후, 교수님을 배웅해 드리고는 예술감독과 나는 보기 드문 성공에 감격해 자축의 하이 파이브를 나누었다. 이번 방송도 고생했지만 결국 해냈다고, 어려운 자리를 잘 만들어냈다고.

그날 방송을 기점으로, 그간 아무도 공개석상에서 다루거나 이야기하지 않았던 클래식계의 이슈들이 하나, 둘씩 수면 위로 올라오기 시작했다. 물론 모든 방송이 내 마음처럼 흘러가진 않는다. 그럼에도 이러한 과정이 쌓이고 쌓이다 보면 어느 순간 여론이 형성되고, 이는 실질적인 변화의 씨앗으로 거듭나는 법이다. 최근 문체부에서는 그동안 우리 뉴스에서 다뤘던 이슈들을 바탕으로 토론회를 열었다고 한다. 비록 아직은 미약한 불꽃이지만 변화의 과정은 늘 그렇게 시작되지 않던가. 나 또한 어제의 청사진이 오늘이나 내일의 건물이거나 유적이기를 기대하지는 않는다. 그저 하나씩 쌓고, 또 쌓아갈 뿐이다.

방송을 마치고 집으로 돌아가는 늦은 시각, 이미 11시가 넘었다. 주차를 마치고 차에서 내리는데 휴대폰이 울린다. 이메일을 수신했다는 알림이 떠 있다.

제목 : [자료 발송 건] 안녕하세요. 제자 OOO입니다.

"안녕하세요. 정 경 교수님. 제자 OOO입니다.
첫 수업에서 제 부족한 부분을 말씀해주셔서 이번 학기를 통해 한 층 성장할 수 있었습니다. 교수님의 인도, 감사드립니다.
어느덧 내일이 이번 학기 마지막 수업이네요. 말씀하셨던 것처럼, 한 학기 동안 준비해 온 발표를 내일 다시 진행하겠습니다. 미리 발표 자료를 보내드리오니 확인 부탁드립니다. 그럼 내일 뵙겠습니다. 교수님.

좋은 밤 보내십시오. 감사합니다.

경희대학교 예술경영학과 박사과정

제자 OOO드림."

박사과정 첫 발표 수업 시간, 눈물이 날 정도로 혼났던 학생이 보내온 메일이었다.

'정말로 그 녀석이, 이렇게 말을 할 수 있는 학생이었나?'

나는 진심으로 두 눈을 의심했다. 저번 발표 전에는 아무런 메시지도 없이 발표 자료 하나만 달랑 메일로 보내왔는데, 완전히 달라진 메일을 접하니 기쁨이나 놀라움에 앞서 당황스러울 정도였다. 발표 자료 파일을 열어보니 예전과는 차원이 다른 수준의 PPT 자료가 펼쳐진다.

'그야말로 장족의 발전이로구나!'

내일의 그 학생은 첫 수업에 비해 얼마나 성장해 있을지, 정말 성장했을지, 혹여나 이전과 비슷하지는 않을지, 만반의 준비를 마친 것인지 여러 궁금증이 꼬리에 꼬리를 문다. 어느 새 피로감을 싹 잊은 내 머릿속은 행복감으로 가득 차올랐다. 가르치는 학생이 성장하는 모습을 지켜보는 건 교단에 서는 이만이 느낄 수 있는 지복이구나. 그들의 모습을 통해 과거의 나와 마주하는 기분이 들어 더욱 열과 성을 다해 이끌어주고 싶었다.

오늘 하루도 살아냈다며, 침대에 누운 채 마음속으로 스스로를 토닥인다. 대체 앞으로 어떤 일이 펼쳐지려고 이렇게 많은 일과 사건, 사고를 선사하는 것인지 의문을 갖다가도, 이 또한 해낼 수 있고 살아남을 일이기에 주어지는 것이라 스스로를 격려한다.

내일은 크게 달라져 있을 제자를 만나는 날이다. 오늘밤은 마치 추수 전야처럼 설레고 풍족한 마음으로 잠자리에 든다.

아침 해가 밝아 오르고, 드디어 이번 학기 마지막 수업날도 그 막을 올린다. 강단에 서면 학생들이 무슨 생각을 하는지, 아니면 아무 생각도 없는지, 성장하고자 하는 의지가 있는지, 도살장에 끌려가듯 그저 외력에 끌려와 공부하는 것인지 3초 안에 파악할 수 있다. 첫 수업날 내게 혼난 학생은 이후 단 하루도 지각한 적이 없으며, 매 수업 집중하는 모습을 보였다. 기한 내 과제 제출은 당연했고 전반적으로 눈에 띄게 개선된 학생의 모습이었다. 절치부심하며 오늘을 기다렸겠지만 나 또한 오늘의 발표를 기다려왔다.

학교에 도착해 이번 학기의 마지막 수업을 향한다. 발걸음이 가볍지만은 않다. 학생들이 박사 졸업 후의 삶을 맞이함에 있어 내 수업이 조금이라도 도움이 되었으면 하는 마음이 드는 까닭이다. 강의실 문을 열고 들어가자 마지막 수업을 앞두고 있어서인지 학생들의 입이 귀에 걸려 있다.

"너희들 마지막 수업이라 너무 행복한 건 알겠는데, 너무 티내는 거 아니냐?"

"무슨 말씀이세요 교수님. 벌써 슬픈 걸요."

"입이 제일 크게 귀에 걸려있는데?"

"절대 아닙니다. 방학하고도 귀찮게 계속 연락드릴 거예요."

"으이구. 퍽이나. 그나저나 오늘 마지막 발표자. 준비됐나?"

"네! 준비됐습니다."

"그럼 발표 시작하자."

그 학생은 정장 차림으로 머리에 왁스까지 바르고 왔다. 컴퓨터에는 발표 자료가 미리 준비되어 있었고, 발표를 개시하는 그의 태도는 여유를 넘어 당당할 정도였다. 그의 발표는 그야말로 완벽했다. 내가 그동안 보아 온 그 학생이 맞나 싶을 정도로 놀라웠다. 스피치, 발성, 비언어적 움직임, 발표 자료준비와 흐름까지 무엇 하나 티끌을 찾을 수 없을 정도로 성장했다. 심지어 내가 첫 발표 때 종이에 적어 준 잘못된 습관들은 단 하나도 재연되지 않았다.

대부분의 학생들은 발표시 결론까지 말한 후 질의응답을 받곤 하는데, 나는 모든 발표자에게 이 부분을 지적한다. 결론 이후 '그래서, 어떻게 해야 하는가?'에 대한 구체적인 방안 제시 단계가 있어야 한다. 결론을 내린 본인이 구상하고 그려내는 이후의 방향성이 부재하면 상대에게 신뢰감을 쌓아줄 수 없기 때문이다. 그런데 이 학생은 이번 학기 내내 모든 학생이 빼먹은 향후 방향성과 그에 대한 구체적인 방법론까지 제시했다.

그의 발표가 끝난 후, 나는 박수를 치기 시작했다.

"뭐 하나 완벽하지 않은 게 없다. 고생했다."

"교수님이 알려주지 않았더라면 몰랐을 거예요. 교수님 덕분에 성장할 수 있었어요."

그렇게 아름다운 피날레로, 이번 학기의 막이 내렸다.

오랜 세월 견지해 온 스스로의 습관과 방향을 바꾸는 과정은 결코 쉽지 않았을 것이다. 진정한 '박사'가 되기 위해 겉핥기식의 공부가 아닌, 치열하고 심도 있는 연구의 시간을 보냈음이 분명했다. 내 수업을 수강한 그 누구보다 부담스럽고 힘들었을 1인. 그럼에도 그 모든 과정을 온전히 받아들이고, 겪고, 이겨내는 모습을 보면서 이제껏 내가 만난 사람들 중 가장 폭발적인 성장을 이루어 낸 이로 기록될 것이라 믿어 의심치 않는다.

애벌레의 종말에 대해 노자는 이렇게 말했다.

"애벌레가 스스로의 종말이라 여기는 순간을 두고, 세상은 나비라 부른다."

떠들썩한 강의실을 뒤로 한 채,
쏟아져 들어온 메시지로 가득한 휴대폰을 확인한 다음,
다음 미팅 장소로 향한다.

에필로그
Epilogue

에필로그 Epilogue

서투른 예술가가 살아온 길을 최대한 담백하면서도 흥미진진하게 이야기해 보려 노력했지만 본문에 담지 못한 가장 중요한 이야기는 고스란히 남아있다. 최근 주변에서는 내게 '어떻게 성공할 수 있었는지', '비법을 전수해달라고' 묻기 시작했다. 그러나 나는 그분들 말마따나 대한민국에 희귀한 독특한 캐릭터일 뿐, 스스로 성공했다는 생각은 일절 해본 적이 없다. 내게 있어 '성공'이란 일종의 신기루와도 같은 개념이어서, 손에 넣을 듯하면 형상을 바꾸어 저만치 멀어져 있곤 하는 세상의 심술과도 같다.

늘 성공을 위해 노력하고 혼신의 힘을 다해 살아가지만, 여전히 내가 그리고 있는 성공이 무엇인지는 알지 못한다. 그저 세상이 그려둔 어떤 그림의 일부로써 역할을 다하기 위해 최선을 다할 뿐, 지금까지의 여정은 아직 시작 단계에 지나지 않는다고 확신하며 살아간다.

이 책을 쓰기로 마음먹었을 때부터 기술보다는 과정을 이야기하고 싶었다. 누군가는 현재 대한민국을 두고 '단군 이래 가장 돈 벌기 쉬운 시대'라고 말했다. 그러나 하나하나 쌓아 올리는 과정 없이 쉽게 버는 돈, 성공, 명예는 대부분 일거에 무너지곤 한다. 절대적 진리라고는 할 수 없지만 살면서 주위를 둘러본 경험이 그랬다. 들숨과 날숨처럼, 쉽게 얻는 것은 쉽게 떠나는 법이다.

대부분 예술가는 무대에서 자신의 기량을 뽐내기 위해 밤낮을 가리지 않고 연습에 매진한다. 작곡가와 함께 호흡하고, 스스로를 표현하기 위한 테크닉을 연마하며, 함께 하는연주자들과 합주를 통해 조화로운 무대를 만든다. 나 역시 그와 같은 순수한 예술인으로서의 과정과 시간을 즐기고 또 좋아한다. 그러나 나는 그 좋아하는 예술에 집중하지 않았다. 오히려 그 외의 요소들에 열의와 집중력을 쏟았다. 예술경영이 그 대표적인 예다. 결과적으로, 현재의 나는 예술가보다는 예술경영가에 가까운 사람이 되었다. 예술에도 경영인의 마인드가 필요하다고 판단한 나는 예술과 경영의 공존을 스스로의 존재 안에서부터 실현하기 위해 발로 뛰며 움직이기 시작했다.

예술가의 삶은 환대, 환호, 축하, 격려, 응원, 인기 등의 멋지고 고무적인 요소들에 적잖이 둘러싸여 있다. 심지어 표면적으로는 고풍스러운 이미지, 품위, 품격도 따라온다. 아이러니는 바로 대중이 선호하는 대중 예술가는 대중적 인기와 금전적 풍요 속에서도 고립과 외로움에 시달리고, 매니아 층만 찾는 기초 예술가들은 상대적으로 금전적인 어려움에 시달리는 경우가 많다는 점이다.

세계적인 예술가들은 통계적으로 고난과 역경으로 가득한 고통스런 순간들, 불행 그 자체였던 순간들을 표현하기 위해 예술을 활용했다. 동시에, 예술 작품을 만들기 위해 스스로 겪은 불행과 살아야 했던 비극을 작품화했다. 역설적이게도, 불행과 비극으로 가득한 삶은 전설적인 예술혼들의 손을 거쳐 화려하고 아름답기 그지없는 작품으로 다시 태어나곤 했다. 이렇게 태어난 예술 작품들은 현 시대까지도 불후의 명작들로 불린다. 예술은 참으로 고약하다. 겉으로 보이는 화려함 이면에 아프고 비극적인 불행이 숨어 있어야만 하는 부조화. 예술의 길은 무척이나 달고, 또 쓰다.

종종 혼란스럽거나 마음이 심란할 때면 나는 운전대를 잡는다. 원하는 시간에, 원하는 방향으로, 현재 상황에 맞추어 나아가는 느낌이 마음의 정돈을 도와준다. 예술의 길은 아무것도 눈에 보이지 않는다. 과정도 결과도 추상적일 뿐인 예술과는 다르게 운전을 하다보면 길이 보이고, 방향이 보이고, 이정표가 놓여 있고, 목적지라는 최종 결과도 명확하게 주어진다.

가고자 하는 목적지를 설정하고서는 무턱대고 나아간다. 그런데 조금 시간이 지나고 나면 친절한 내비게이션을 꺼버리고 싶은 충동에 휩싸인다. 예쁘게 안내되는 길보다는 나만의 꼬불거리는 지름길을 찾을 때의 희열이, 가장 빠를 것이라 안내받은 길이 예상치 못한 공사나 정체로 인해 크게 시간을 지체시킬 때의 실망감이, 결국 운전대를 잡은 나 자신의 인간적 본질을 깨닫게 만든다. 내비게이션을 끄고 나도 목적지는 변치 않으나 각자 그곳을 향하는 방식과 경로, 운전법은 제각각 중구난방으로 뻗어나간다. 그야말로 인생이다.

25년째 목소리도, 차도 운전하고 있지만 아직 어느 쪽에서도 베테랑 드라이버라는 생각이 들지 않는다. 삶의 운전대는 누구에게나 공평하게 주어진다. 누군가는 안전한 운행을 통해 목적지에 도달하는 것을 최우선 과제로 여길 것이고, 누군가는 신속하게 도착하는 것만이 운전의 전부일 것이다. 누군가는 산과 바다, 풍경을 바라보기 위해 운전대를 잡고, 누군가는 운전을 거추장스러운 것으로 여기며 이동중 최대한 다른 일에 집중하기도 한다. 나는 과연 어떤 운전으로 여기까지의 길을 지나왔을까? 군고구마를 팔고 배추도 팔았던 어린 학창시절, 갑자기 성악가로 살겠다며 노래만 하던 20대 초반, 내가 가는 길이 과연 올바른 목적지인가에 대해 고민하느라 잠못 이루던 20대 후반과 30대 초반. 새로운 예술 장르를 만들겠다며 맨땅에 헤딩하던 30대 중반부터 지금까지의 길. 나는 여전히 다른 방향으로 새지 않은 채, 초심이 이끄는 길만으로 나아가고 있다.

나는 이제껏 운전대에서 손을 놓지 않았다. 하루 종일 만화책을 손에 쥐고 뒹굴뒹굴하는 삶을 꿈꾸기도 하지만, 그러한 삶은 스스로 품은 가장 근원적인 의문에 걸맞은 답을 주지 못할 것이라는 사실을 본능적으로 깨닫고 있다.

'나는 과연 무엇을 위해 살아가는 것일까?'

여러분도 마찬가지겠지만, 나 역시 아직 모른다. 이 책을 집필하게 된 가장 큰 이유 역시 그간 달리기만 하던 삶을 한 차례 돌아보고 정리하면서 스스로에 대해 더욱 깊은 깨달음을 얻을 기회일 것이라 판단한 까닭이다. 이 책의 제목을 보고, 서문을 보고, 각 제 1, 2, 3, 4장을 읽고, 마지막 장을 덮었을 때 독자 여러분은 과연 어떤 마음일까? 그 또한 내게 주어지는 귀중한 하나하나의 답이리라 믿는다.

세상은 어렵다. 확실한 것이라곤 아무것도 없어 보인다. 그럼에도 분명한 점 하나가 있다면 우리 모두 스스로 운전대를 잡은 채 어딘가로 나아가고 있다는 사실이다.

이 책을 통해 나는 이제껏 달려 온 '좌충우돌 드라이버'로서의 이야기를 한 귀퉁이나마 소개해 보았다. 에세이, 자기계발서, 자전적 소설, 자서전, 판타지 등 그 무엇으로 불려도 좋다. 조금 유별난 행보로, 조금 남들보다 소란스런 목소리로, 조금 남들보다 커다란 덩치로 눈에 띄는 드라이빙을 해온 모양이다.

세상이 친절하고 예쁜 목소리의 내비게이션을 선호한다는 사실은 익히 잘 알고 있다. 그럼에도 세상에는 독특한 취향을 가진 분들도 더러 있다. 스피커에서는 내 목소리가 흘러나오고 좌우 가드레일을 향해 돌진하라며 마구 화살표를 던지는, 가끔은 목적지를 제외하고는 경로를 보여주지 않는 성격 파탄 난 좌충우돌 멧돼지 같은 내비게이션을 선호하는 분들도 어딘가에 계실지 모른다.

이 책은, 예쁘고 친절한 내비게이션에 조금 질린, 어쩌면 도전과 모험을 마음 한켠에 품고 있을 분들을 위한 불친절하고, 우악스럽고, 독불장군 같은, 하지만 여러분이 가는 길에서 결코 눈을 떼지 않는, 따뜻한 내비게이션이고자 하는 소망에서 태어났다.

이 이야기는 안정적이고 포장이 잘 된 길을 가는 분들에게 적합하지 않을 수도 있다. 어쩌면 그저 판타지 소설일 뿐인지도 모른다. 다만 가끔 잘 포장된 도로 위를 달리다가 문득 생각이 나거나, 혹은 갑작스레 길이 끊어진 지점에 도달하는 위기를 만날 때면 한번쯤 들추어보게 되는 긴급 비상 지도처럼 간직 된다면 얼마나 행복할까.

"뻔한 여정보다 훨씬 재미있잖아?"

오케이!
그럼, 출발.